Niklas Mahrdt / Michael Krisch

Electronic Fashion

lean e-commerce technology

1450 jahre know-how –
die jüngste und innovativste eShop-plattform:

novomind iSHOP™ verfügt mit seinen beiden Joint Venture Partnern über 10 Jahre eCommerce-Know-how. Genauer:

OTTO (GmbH & Co KG) – anerkannter eCommerce Innovator und internationaler TOP-Player – **1000 Mannjahre** eCommerce Know-how.

novomind AG – mit ihren langlebigen & pflegbaren Softwarelösungen TOP-Player im europäischen eCommerce IT Segment – **450 Mannjahre** Erfahrung.

Der Anspruch
- Shop = Schaufenster _ Rückbesinnung auf eCommerce Kernfunktionen.
- Best Practice _ Must Have-Features im eCommerce.
- Agilität _ Kürzere Projektlaufzeiten und einfache Weiterentwicklung.
- Individuell _ Standard-Lösungsbibliothek für komplexe Shopsysteme.

Die Zielgruppe
Mid- bis HighTraffic Sites mit einem Ordervolumen ab 2.500 Bestellungen pro Tag. novomind iSHOP™ Kunden haben bereits Erfahrungen im eCommerce und kennen die Themen in den Bereichen Betrieb und Weiterentwicklung.

Die eCommerce Kernfunktionen
novomind iSHOP™ ist keine Produktdatenbank (PIM), Warenwirtschaft (Fulfilment) oder eCRM Lösung, kein CallCenter oder DataWarehouse.

novomind iSHOP™ steht für
die Konzentration auf das Wesentliche:
- High Performance eCommerce Frontend
- Modernste Shopnavigation
- Innovativstes Online Site Marketing und Shopmanagement
- 6-Multi (Channel, Brand, Country, Shop, Währung, Sprache)
- Klare Produktionsprozesse (Projekt, Betrieb)

novomind iSHOP GmbH
Bramfelder Straße 121
22305 Hamburg · Germany
Phone +49 40 80 80 71-0
Fax +49 40 80 80 71-100

www.novomind-ishop.com
ishop@novomind.com

Niklas Mahrdt
Michael Krisch

Electronic Fashion

E-Shops für Luxusmode aufbauen
und profitabel managen

Bibliografische Information der Deutschen Nationalbibliothek
Die Deutsche Nationalbibliothek verzeichnet diese Publikation in der
Deutschen Nationalbibliografie; detaillierte bibliografische Daten sind im Internet über
<http://dnb.d-nb.de> abrufbar.

1. Auflage 2010

Alle Rechte vorbehalten
© Gabler Verlag | Springer Fachmedien Wiesbaden GmbH 2010

Lektorat: Manuela Eckstein

Gabler Verlag ist eine Marke von Springer Fachmedien.
Springer Fachmedien ist Teil der Fachverlagsgruppe Springer Science+Business Media.
www.gabler.de

Das Werk einschließlich aller seiner Teile ist urheberrechtlich geschützt. Jede Verwertung außerhalb der engen Grenzen des Urheberrechtsgesetzes ist ohne Zustimmung des Verlags unzulässig und strafbar. Das gilt insbesondere für Vervielfältigungen, Übersetzungen, Mikroverfilmungen und die Einspeicherung und Verarbeitung in elektronischen Systemen.

Die Wiedergabe von Gebrauchsnamen, Handelsnamen, Warenbezeichnungen usw. in diesem Werk berechtigt auch ohne besondere Kennzeichnung nicht zu der Annahme, dass solche Namen im Sinne der Warenzeichen- und Markenschutz-Gesetzgebung als frei zu betrachten wären und daher von jedermann benutzt werden dürften.

Umschlaggestaltung: KünkelLopka Medienentwicklung, Heidelberg
Druck und buchbinderische Verarbeitung: MercedesDruck, Berlin
Gedruckt auf säurefreiem und chlorfrei gebleichtem Papier
Printed in Germany

ISBN 978-3-8349-2101-7

Vorwort

Dieses Buch beinhaltet sämtliche Aspekte der Strategiefindung, Planung und Umsetzung eines E-Shops im Bereich der Luxusmode und liefert dabei praxisrelevante Hinweise und konkrete Handlungsempfehlungen. Es soll E-Commerce-Verantwortlichen als Leitfaden dienen, um relevante Entscheidungen vorbereiten und sicherer treffen zu können.

Bisher nutzen nur wenige Hersteller des Luxusmodesegments die Möglichkeit eines E-Shops in Ergänzung zum stationären Retail. Dieser Umstand erscheint angesichts der Tatsache umso erstaunlicher, wenn man berücksichtigt, dass die Reichweite des E-Commerce innerhalb der Mode- und Textilindustrie vor allem im Bereich höherer Einkommen deutlich zunimmt. Mit diesem Buch verfolgen die Autoren das Ziel, das Potenzial von E-Shops im Business-to-Consumer-Bereich aus Sicht der Hersteller von Luxusmode zu beschreiben. Dazu sollen mögliche Umsetzungsstrategien für E-Shops bewertet und Erfolgsfaktoren analysiert werden. Das Buch kombiniert dabei erstmals wissenschaftliche Theorien mit den Ergebnissen empirischer Studien aus den Disziplinen digitale Führung von Luxusmarken, Multi-Channel-Retail und E-Commerce. Es wird aufgezeigt, dass E-Shops das Potenzial besitzen, die Marktposition des Herstellers zu festigen und seine Kundenbeziehungen zu intensivieren. Aufgrund umfasender Einflussmöglichkeiten wird der Umsetzungsstrategie eines eigenen E-Shops aus strategischer Sicht das größte Potenzial zugesprochen. Als wesentlicher Erfolgsfaktor gilt eine einfache Usability in Kombination mit einer markenkonformen Umsetzung des E-Shops. Da der Erfolg eines E-Shops ebenfalls von seiner zielgerichteten Vermarktung und Kommunikation abhängt, enthält dieses Buch auch zu diesen Themen praktische Hinweise.

Die Ergebnisse dieses Buches zeigen, dass langfristig nicht die Frage, ob ein E-Shop im Bereich der Luxusmode Herstellern Potenzial bietet, entscheidend ist, sondern vielmehr, wie ein E-Shop im Rahmen der strategischen Markenführung konzipiert und kommuniziert werden muss, um zu einem höheren Umsatzwachstum, einer stärkeren Kundenbindung und infolgedessen zu einer Steigerung des Unternehmenswerts zu führen.

Köln, im Juli 2010   Niklas Mahrdt
                                                    Michael Krisch

Inhaltsverzeichnis

Vorwort _____ 5

1. Einführung _____ 11

2. E-Shops als Geschäftsmodell des Commerce _____ 15
2.1 Exkurs: Phasen des Kaufprozesses _____ 17
2.2 Unterscheidung Front-End und Back-End _____ 18

3. Luxusmode und Luxuskonsumenten _____ 20
3.1 Modemarke vs. Luxusmodemarke _____ 20
    3.1.1 Sechs Dimensionen einer Luxusmarke _____ 21
    3.1.2 Angebots- und nachfrageorientierte Unterscheidung _ 23
    3.1.3 Modemarken im Wandel _____ 25
3.2 Der Luxus(mode)markt _____ 27
    3.2.1 Luxus ist international _____ 29
    3.2.2 Anbieter von Luxusmode _____ 31
    3.2.3 Die Bedeutung des E-Commerce im Modesegment _ 33
3.3 Konsumenten von Luxusmode _____ 34
    3.3.1 Konsummotive für Luxusmode _____ 35
    3.3.2 Klassische und hybride Luxuskonsumenten _____ 36
    3.3.3 Einkommen als Ausschlusskriterium _____ 38
    3.3.4 Internetnutzung von Luxuskonsumenten _____ 39
3.4 Lessons Learned _____ 42

4. E-Shop als Verkaufskanal für Luxusmode _____ 44
4.1 S.W.O.T.-Analyse _____ 44
4.2 Umsetzungsstrategien für E-Shops _____ 48
    4.2.1 Umsetzungsstrategie 1: Herstellereigener E-Shop __ 49
    4.2.2 Umsetzungsstrategie 2: Vertriebskooperationen ___ 55
    4.2.3 Umsetzungsstrategie 3: E-Shops als digitales Outlet _ 61

4.3 Lessons Learned _____ 64

**5. Konzeption und Umsetzung
   eines E-Shops für Luxusmode**_____ **67**

5.1 Allgemeine Herausforderungen _____ 67
     5.1.1 Make or Buy _____ 68
     5.1.2 Auswahl des geeigneten Shop-Systems _____ 73
     5.1.3 Optimale Markteintrittsstrategie _____ 76
     5.1.4 Bestimmung des Erstsortiments _____ 77
5.2 Die Shop-Konzeption: Der erste Eindruck zählt _____ 79
     5.2.1 Usability-Handlungsempfehlungen _____ 83
     5.2.2 Warenpräsentation _____ 84
     5.2.2.1 Suchen und Filtern _____ 85
     5.2.2.2 Visualisierung _____ 86
     5.2.2.3 Texting _____ 94
     5.2.2.4 Cross-Selling _____ 98
5.3 Bestellprozess: Das Herzstück eines E-Shops _____ 101
     5.3.1 Warenkorb _____ 103
     5.3.2 Zahlungsverfahren _____ 104
     5.3.2.1 Allgemeine Anforderungen _____ 105
     5.3.2.2 Zahlungsverfahren im Überblick _____ 106
     5.3.2.3 Zahlungsverfahren im Vergleich _____ 109
     5.3.3 Empfehlungen für den Check-out _____ 113
     5.3.4 Liefer- und Verpackungspolitik _____ 114
     5.3.5 After-Sales-Service _____ 116
5.4 Zusatzfunktionen in E-Shops _____ 118
     5.4.1 Zusätzlicher Content _____ 119
     5.4.2 Artikelbewertungen durch Nutzer _____ 121
     5.4.3 Individualisierung und Personalisierung _____ 122
5.5 Lessons Learned _____ 123

6. Benchmarking von E-Shops _____ **125**

6.1 Jil Sander _____ 126
6.2 Alexander Wang _____ 127
6.3 Bally _____ 128

6.4	Burberry	129
6.5	Gucci	130
6.6	Hugo Boss	131
6.7	Emilio Pucci	132
6.8	Valentino	133
6.9	Anne Klein	134
6.10	Alexander McQueen	135
6.11	Armani	136
6.12	Oscar de la Renta	137
6.13	Diane von Furstenberg	138
6.14	Michael Kors	139
6.15	Moschino	140
6.16	Nicole Farhi	141
6.17	D&G	142
6.18	Marni	143
6.19	L.K. Bennett	144
6.20	Stella McCartney	145
6.21	Auswertung	146

7. Erfolg und Erfolgsmessung — 147

7.1	Erfolgskennzahlen		147
	7.1.1	Technikkennzahlen	149
	7.1.2	Kundenkennzahlen	149
	7.1.3	Instrumentenkennzahlen	149
	7.1.4	Finanzkennzahlen	150
7.2	Web-Controlling		150
7.3	Lessons Learned		151

8. Vermarktung und Kommunikation eines E-Shops — 152

8.1	Erfolgsfaktor Vermarktung und Launch-Kampagne		152
8.2	Elemente einer Launch-Kampagne		158
8.3	Auswahl geeigneter Kommunikationsmaßnahmen		159
	8.3.1	On-Site-Maßnahmen	160
	8.3.2	Printwerbung	162

	8.3.3	Banner- und Displayschaltung	164
	8.3.4	Affiliate-Marketing	168
	8.3.5	E-Mail-Marketing	171
	8.3.6	Dialogmarketing	172
	8.3.7	PoS-Aktivitäten	172
	8.3.8	Public Relations	173
	8.3.9	Kooperationen	175
	8.3.10	Events	176
	8.3.11	Virales Marketing und Empfehlungen	177
	8.3.12	Celebrity Branding und Testimonials	177
	8.3.13	Online-Events und Sonderaktionen	178
	8.3.14	Suchmaschinenoptimierung (SEO)	178
	8.3.15	Suchmaschinenmarketing (SEM)	179
	8.3.16	Social Media	181
8.4	Kommunikationsplan für die Kampagne zum Launch		188
8.5	Lessons Learned		189

Anhang _____ 191

    Kennzahlen eines E-Shops (Auswahl) _____ 191

Abkürzungsverzeichnis _____ 195

Literatur- und Quellenverzeichnis _____ 197

Die Autoren _____ 203

1. Einführung

Die wirtschaftliche Bedeutung des E-Commerce in der Modeindustrie hat innerhalb kürzester Zeit erheblich zugenommen. Dies spiegelt sich insbesondere in dem stetig wachsenden Absatz von Mode und Bekleidung über das Internet wider.[1] Während Hersteller wie Esprit, Abercrombie&Fitch, H&M, s.Oliver oder auch mexx den eigenen Retail zunehmend auf das Internet ausweiten und ihre Kollektionen dort erfolgreich in E-Shops anbieten, bleiben die meisten Luxusmodehersteller noch hinter diesen Möglichkeiten zurück.

Dies ist insoweit interessant, als die Luxusmodebranche grundsätzlich eine spezielle **Vorbilds- und Orientierungsfunktion** für die gesamte Modeindustrie besitzt. Sind es doch Designer namhafter Unternehmen wie Marc Jacobs (Louis Vuitton), John Galliano (Dior), Tom Ford (ehemals Gucci und Yves Saint Laurent), Jean Paul Gaultier (Hermès) oder Karl Lagerfeld (Chanel und Fendi), die mit ihren Kollektionen maßgeblich die „Looks" der Saison bestimmen und den Massenmarkt wegweisend inspirieren. Auch in der Gestaltung stationärer (Flagship-) Stores geben Luxusmarken die Richtung vor.

Anders im Internet: Von 132 Modeherstellern aus dem Luxussegment, die im Rahmen dieses Buches betrachtet wurden, besitzt bisher nur ein Drittel einen eigenen E-Shop. In den meisten Fällen wird ein sehr begrenztes Sortiment an Schmuck, Handtaschen oder sonstigen Accessoires angeboten. Aktuelle Modekollektionen stellen eine Seltenheit dar, und ihre Kaufmöglichkeiten beschränken sich oftmals auf einige wenige geografische Märkte wie den US-Markt. Dabei steht der Luxusmodemarkt vor einem entscheidenden Wandel: Luxuskonsumenten werden zunehmend jünger und internationaler. Sie verbringen immer mehr Zeit online und verfügen über Breitband-Internetverbindungen, die eine Darstellung hochauflösender Bilder und Videos ermöglichen.

---

[1] 2008 konnten in Deutschland durch den Online-Verkauf von Bekleidung rund 4,6 Mrd. Euro umgesetzt werden. Dies entspricht einem Wachstum von fast 20 Prozent im Vergleich zum Jahr 2007. Vgl. Bitkom (2009): Praxisleitfaden E-Commerce, S. 13

Aus Sicht der Luxusmodehersteller stellt der Retail über das Internet **Herausforderung und Potenzial** gleichermaßen dar: Neue Zielgruppen und Märkte können erschlossen und bestehende Kundenbeziehungen auf einem neuartigen Weg vertieft werden. Aufgrund der **Komplexität** der Thematik sehen sich Luxusmodeunternehmen jedoch mit folgenden **Problemstellungen und Fragen** bei der Entwicklung, Implementierung und Kommunikation eines E-Shops konfrontiert:

- Eignet sich die Luxusmarke für den Vertrieb im Internet?
- Welche **Zielgruppen** können mit einem E-Shop angesprochen werden?
- Wie groß ist das **Umsatzpotenzial**?
- Welche **Umsetzungsstrategien** sind für den Vertrieb von Luxusmode über einen E-Shop geeignet?
- Wie sollte ein E-Shop im Luxussegment in Hinblick auf **anspruchsvolle Kundenwünsche** gestaltet werden?
- Welche kritischen **Erfolgsfaktoren** gelten für E-Shops im Bereich der Luxusmode?
- Wie wirkt sich ein E-Shop auf **Exklusivität und Image** der Luxusmarke aus?
- Welche planerischen Schritte sind notwendig, um die Zielgruppe mit geeigneten **Vermarktungs- und Kommunikationsmaßnahmen** effizient über den Launch des E-Shops in Kenntnis zu setzen?

Um Antworten auf diese Fragen zu liefern, liegen diesem Buch **vier** wesentliche **Zielstellungen** zugrunde:

1. Bewertung von E-Shops als Verkaufskanal für Luxusmode

    E-Shops werden im Rahmen dieses Buchs als ergänzender Vertriebskanal zum klassischen stationären Handel betrachtet. Daher soll zunächst die Eignung von E-Shops als Verkaufskanal für Luxusmode untersucht werden.

2. Beschreibung von Umsetzungsstrategien

    Ein weiteres Ziel ist es, mögliche strategische Optionsräume für die Implementierung von E-Shops im Bereich der Luxusmode aufzuzeigen und bezüglich ihrer Vor- und Nachteile zu bewerten, um Empfehlungen für Luxusmodeunternehmen abzugeben.

3. Konzeption und Umsetzung

   Die operative Umsetzung entscheidet über den Erfolg des E-Shops. Daher werden die wesentlichen Kriterien identifiziert, die den Aufbau und die Gestaltung eines E-Shops für Luxusmode insbesondere im Front-End-Bereich erfolgskritisch beeinflussen.

4. Vermarktung und Kommunikation eines E-Shops

   Die Auswahl einer geeigneten Kommunikationsstrategie stellt insbesondere im Vorfeld und während des Launchs eine notwendige Herausforderung dar. Ziel ist es, geeignete Kommunikationsmaßnahmen zu beschreiben, die die Zielgruppe effektiv erreichen und der Erfüllung spezifischer Unternehmensziele dienen.

Das vorliegende Buch gliedert sich in **acht Kapitel, wobei das erste Kapitel** Vorgehen und Methodik erklärt.

Ziel des **zweiten Kapitels** ist es, zunächst den Begriff E-Shop zu definieren und in den genauen Kontext des E-Commerce einzuordnen.

Im **dritten Kapitel** werden die Merkmale einer Luxusmodemarke beschrieben, um sie so von einer „normalen" Modemarke zu unterscheiden. Im weiteren Verlauf wird der Markt der Luxusmode von anderen Luxusgütermärkten abgegrenzt. Hier gewinnt man ebenfalls einen Einblick in die gesamtwirtschaftliche Bedeutung und das Marktpotenzial von Luxusmode im Internet. Nach einer Darstellung der Anbieterstruktur liegt ein weiterer Schwerpunkt der Betrachtung auf der Klassifizierung verschiedener Konsumententypen.

Aufbauend auf einer S.W.O.T.-Analyse soll im **vierten Kapitel** anschließend das Potenzial eines E-Shops als Verkaufskanal für Luxusmode im Internet identifiziert und einer qualitativen Einschätzung unterzogen werden. Die Analyse dient als Grundlage, um Umsetzungsstrategien für Luxusmodeunternehmen abzuleiten, die im **fünften Kapitel** näher beschrieben werden.

Das **sechste Kapitel** beschäftigt sich ausschließlich mit der operativen Umsetzung und Gestaltung eines E-Shops und liefert viele konkrete Handlungsempfehlungen.

Möglichkeiten der Erfolgsmessung und Zielüberprüfung werden im **siebten Kapitel** angesprochen.

Das abschließende **achte Kapitel** widmet sich schließlich der Vermarktung und Kommunikation eines E-Shops. Dabei werden neben den wichtigen planerischen Schritten vor allem erfolgskritische Faktoren der Kommunikationsstrategie beispielhaft erläutert.

Die folgende Übersicht zeigt den Aufbau des Buches:

Abbildung 1.1　Aufbau des Buches

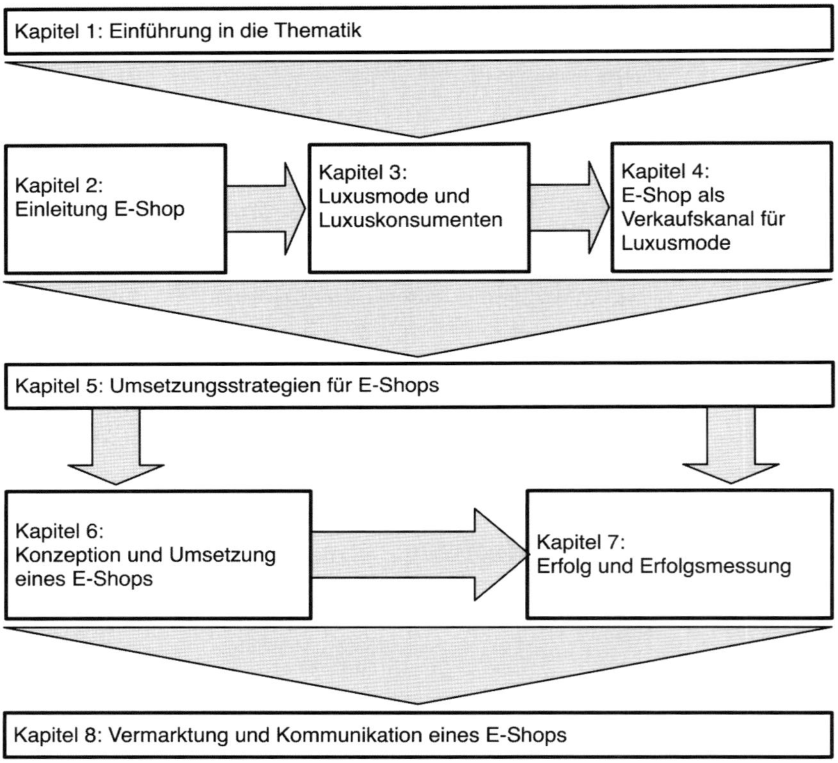

```
Kapitel 1: Einführung in die Thematik
        │
        ▼
┌──────────────────┐   ┌──────────────────┐   ┌──────────────────┐
│ Kapitel 2:       │──▶│ Kapitel 3:       │──▶│ Kapitel 4:       │
│ Einleitung E-Shop│   │ Luxusmode und    │   │ E-Shop als       │
│                  │   │ Luxuskonsumenten │   │ Verkaufskanal für│
│                  │   │                  │   │ Luxusmode        │
└──────────────────┘   └──────────────────┘   └──────────────────┘
        │
        ▼
Kapitel 5: Umsetzungsstrategien für E-Shops
        │
        ▼
┌──────────────────┐                           ┌──────────────────┐
│ Kapitel 6:       │──────────────────────────▶│ Kapitel 7:       │
│ Konzeption und   │                           │ Erfolg und       │
│ Umsetzung        │                           │ Erfolgsmessung   │
│ eines E-Shops    │                           │                  │
└──────────────────┘                           └──────────────────┘
        │
        ▼
Kapitel 8: Vermarktung und Kommunikation eines E-Shops
```

Quelle: eigene Darstellung

2. E-Shops als Geschäftsmodell des Commerce

Um den Verkauf von Luxusmode über das Internet besser verstehen und planen zu können, muss an dieser Stelle zunächst beschrieben werden, was sich hinter dem Terminus „E-Shop" verbirgt. Der Begriff E-Shop wird weder in der praxsorientierten noch in der wissenschaftlichen Literatur einheitlich erläutert. Vielmehr wird eine Vielzahl von Ausdrücken wie „Online Shop", „Virtueller Laden", „Internet Shop" oder „Web Shop" synonym verwendet. Alle Formulierungen stellen jedoch die Transaktion von Gütern oder Dienstleistungen gegen Entgelt in den Vordergrund, bei denen nicht nur das Angebot an Waren und Dienstleistungen elektronisch offeriert wird, sondern alle Phasen des Kaufprozesses unter Verwendung eines computergestützten Netzwerks erfolgen.[1] Als Transaktionspartner kommen sowohl Unternehmen aus den verschiedenen Wirtschaftssektoren (Business) und Konsumenten (Consumer) als auch staatliche Einrichtungen und Behörden (Administration) in Betracht.[2] Die folgenden Ausführungen konzentrieren sich jedoch ausschließlich auf Business-to-Consumer-Beziehungen.

Gemäß **des 4C-Net-Business-Modells**[3] lassen sich E-Shops dem Geschäftsmodell des **Commerce** zuschreiben und unterscheiden sich so von den anderen Modellen Content, Context und Connection.

---

[1] Vgl. E-Commerce-Center Handel (Hrsg) (2001): *Begriffe des eCommerce*, S. 17
[2] Vgl. Müller-Hagedorn, L. (2000): *Zur Abgrenzung von E-Commerce: Definitorische Anmerkungen*, in: Müller-Hagedorn, L. (Hrsg.): Zukunftsperspektiven des E-Commerce im Handel, S. 53
[3] Vgl. Wirtz, B.W. / Kleineicken, A. (2000): *Geschäftsmodelltypologien im Internet*, in: WiSt, 29. Jg., Heft 11, 2000, S. 629

Abbildung 2.1   Untersuchungsperspektive eines E-Shops

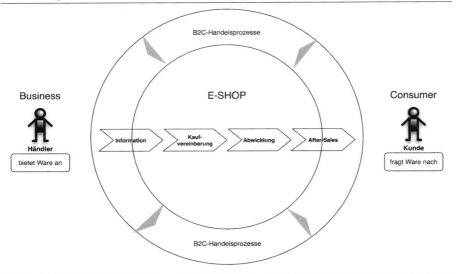

Quelle: eigene Darstellung

Abbildung 2.2   Das 4C-Net-Modell am Beispiel Mode

Content	Commerce	Context	Connection
Definition: Sammlung, Selektion, Systematisierung, Kompilierung und Bereitstellung von Inhalten	**Definition:** Anbahnung, Aushandlung und/oder Abwicklung von Transaktionen	**Definition:** Klassifikation und Systematisierung von im Internet verfügbaren Inhalten	**Definition:** Herstellung der Möglichkeit eines Informationsaustausches in virtuellen Netzwerken
Ziel: Onlinebereitstellung von konsumentenzentrierten, personalisierten Inhalten	**Ziel:** Ergänzung/Substitution traditioneller Transaktionsphasen durch das Internet	**Ziel:** Komplexitätsreduktion, Navigation	**Ziel:** Schaffung von online Verbindungen (technologisch, kommerziell, kommunikativ)
Erlösmodell: indirekt	**Erlösmodell:** Tranaktionsabhängige direkte und indirekte Erlöse	**Erlösmodell:** indirekt	**Erlösmodell:** direkt, indirekt
Beispiel: Vogue.de	**Beispiel: mytheresa.com**	**Beispiel: Stylefinder.com**	**Beispiel: ilikemystyle.net**

Quelle: eigene Darstellung

2.1 Exkurs: Phasen des Kaufprozesses

In der **Informationsphase** findet der Austausch von kaufentscheidungsrelevanten Informationen statt. Die Einflüsse auf die Kaufentscheidung sind vielfältig. Neben unbewusst wahrgenommenen Informationen besitzen besonders Informationen über Produkt, Preis und Hersteller eine zentrale Bedeutung.[4] In der Regel erhalten Konsumenten von Luxusmode diese Informationen über multiple Kanäle wie den stationären Handel, Modenschauen der Designer oder Show-Rooms, spezielle Printmedien (z.B. Vogue, Look-Books der Label), Webangebote wie die Corporate Website des Herstellers, Modeblogs oder durch direkten Kontakt mit den Herstellern und Designern. Innerhalb eines E-Shops dienen die Produktbeschreibungen und die Visualisierung bzw. Inszenierung der Mode als primäre Informationsquelle. Ein E-Shop muss daher ständig mit aktuellen Informationen über die angebotenen Produkte befüllt und gepflegt werden, um dem Informationsbedürfnis des Konsumenten in dieser Phase zu begegnen.

Die **Kaufvereinbarungsphase** zeichnet sich durch die konkrete Auseinandersetzung des Kunden mit Informationen über die Vertragsgestaltung aus. Da es sich bei einem E-Shop in der Regel um einen einseitig fixierten Markt bezüglich des Gebotsverhaltens und der Preisfindung handelt, findet zumeist keine Preisverhandlung zwischen Anbieter und Konsument statt.[5] Dennoch kann es durch besondere Liefermodalitäten oder Einkaufskonditionen zu Preismodifikationen kommen. Das Ergebnis der Vereinbarungsphase ist der Abschluss eines Kaufvertrags. Dieser kommt im E-Shop durch die Warenkorbfunktion und den anschließenden Check-out-Prozess mitsamt abschließender Auftragsbestätigung zustande. Eine geringe Komplexität und eine einfache Bedienung sind Voraussetzung für einen störungsfreien Ablauf in dieser Phase, da der Konsument eine Vielzahl von privaten Informationen mittels Formularen an den Händler weitergibt. Zweifel bezüglich der Sicherheit der übermittelten Daten, eine fehlende Transparenz oder eine mangelnde Vertrauenswürdigkeit des E-Shops sind ein wesentlicher Grund für Konsumenten, den Kaufprozess vorzeitig zu beenden.

---

4   Vgl. Korb, J.C. (2000): *Kaufprozesse im Electronic Commerce*, S. 37 f.
5   Vgl. ebenda, S. 56

Die **Abwicklungsphase** folgt auf den erfolgreichen Abschluss eines Kaufvertrags. Da es sich bei Luxusmode um physische Güter handelt, sind neben Anbieter und Konsument regelmäßig weitere Dienstleister, wie z.B. Transport- und Logistikdienstleister sowie Kreditkarten-Acquirer und Payment Service Provider, aktiv.

Der **After-Sales-Phase** kommt im Rahmen des Kundenbindungsmanagements eine besondere Rolle zu. Hier soll eine verbesserte Ausgangsbasis für Folgekäufe geschaffen werden. Gerade im Bereich der Luxusmode sollen sich Unternehmen nicht nur durch die Exklusivität ihrer Mode, sondern auch durch ein serviceorientiertes Kundenverhalten abheben. Dazu zählen zum Beispiel ein einfaches (Multi-Channel) Retourenmanagement oder ein Customer-Care-Service, der bei Rückfragen über multiple Kanäle kontaktiert werden kann.

Die einzelnen Phasen werden in der Regel **integriert** und nicht grundsätzlich nacheinander durchlaufen. So kann in einigen Fällen, wie dem habitualisierten Kauf von Produkten des täglichen Gebrauchs oder bei Marken, die sich bereits im Relevant Set des Konsumenten befinden, die Informationsphase entfallen.

Abbildung 2.3   Phasen des Kaufprozesses

Quelle: eigene Darstellung, in Anlehnung an Korb, J.C. (2000), S. 38 ff.

2.2 Unterscheidung Front-End und Back-End

Die **funktionalen Bestandteile** eines E-Shops lassen sich in **Front-End**, die Aktivitätsumgebung des Kunden, die den Schwerpunkt dieses Buches bildet, und **Back-End**, die Aktivitätsumgebung des Händlers, unterteilen. Online-Kunden haben nur Zugriff auf das Front-End, wo sie zum Beispiel Produkte auswählen und bei Bedarf bestellen und bezahlen können. Der Zugriff auf das Back-End dient der Abwicklung der internen Prozesse und ist grundsätzlich nur dem Shop-Administrator vorbehalten. Hier werden zum Beispiel Produkte in den Produktkatalog eingepflegt sowie das Auftrags-, Bezahlungs- und Versandmanagement festgelegt. Die folgende Abbildung verdeutlicht beispielhaft die Unterschiede von Front-End und Back-End.

Abbildung 2.4 Unterscheidung Front-End und Back-End

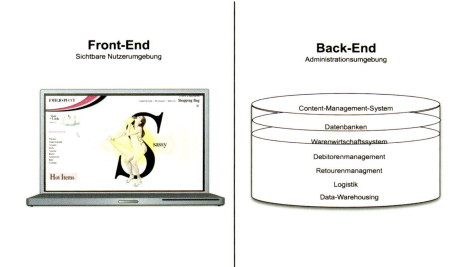

Quelle: eigene Darstellung

Im weiteren Verlauf dieses Buches wird mit dem Begriff E-Shop eine Einkaufsstätte in virtueller Umgebung verbunden, die den Teil des Business-to-Consumer E-Commerce definiert, bei dem Konsumenten über einen an das Internet angeschlossenen PC oder ein mobiles internetfähiges Endgerät von einem beliebigen Ort außerhalb des stationären Handels gegen ein bestimmtes Entgelt Luxusmode kaufen und dabei alle Phasen des Kaufprozesses webunterstützt durchlaufen.

3. Luxusmode und Luxuskonsumenten

3.1 Modemarke vs. Luxusmodemarke

Mode und Luxus werden in verschiedenen Wissenschaften aus unterschiedlichen Perspektiven betrachtet und erläutert. Ihnen gemeinsam sind ihr vielfältiges Auftreten und ihr ständiger Wechsel. Innerhalb dieses Buches wird unter dem Modebegriff hauptsächlich textile Bekleidung zusammengefasst. Sonstige am Körper getragene Produkte wie Accessoires und nichttextile Bekleidung, die ebenfalls unter den Modebegriff fallen, werden nur am Rande berücksichtigt. Die folgende Abbildung dient der Systematisierung des Modebereichs und kennzeichnet den genauen Untersuchungsgegenstand.

Abbildung 3.1   Produktkategorien des Modebereichs

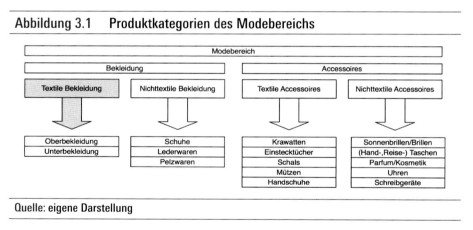

Quelle: eigene Darstellung

Galten Maßanzüge einst als Inbegriff des Luxus, führen Massenproduktionen, steigende Einkommen und weitere zeitliche und soziale Einflüsse inzwischen dazu, dass ganze Produktgruppen an Exklusivität verlieren und eher zu Alltags- als zu Luxusgütern gezählt werden.

Heutzutage gelten Produkte überwiegend dann als luxuriös, wenn sie unter die Kategorie Luxusmarke fallen.[1]

Dabei ist der Begriff der **Luxusmarke** ebenso schwierig zu bestimmen wie der des Luxus allgemein.[2] Die jeweilige zeitliche Epoche, das politisch-ökonomische Umfeld und der ethisch-moralische Standpunkt des Betrachters führen dazu, dass Luxus unterschiedlich definiert und konzeptualisiert wird.[3] Eine wertfreie und allgemeingültige Definition des Luxusbegriffs und damit der Luxusmarke erscheint zunächst unmöglich.

Wie aber kann es sein, dass Marken wie Louis Vuitton, Gucci, Prada oder Chanel seit jeher als Luxusmodemarken in den Köpfen der Konsumenten verankert sind und sich so deutlich von anderen Modemarken unterscheiden?

3.1.1 Sechs Dimensionen einer Luxusmarke

Nach einer empirischen Untersuchung von Dubois, Laurent und Czellar hebt sich der von Konsumenten wahrgenommene Kern einer Luxusmarke in **sechs Dimensionen** von herkömmlichen Marken ab.[4]

- **Hoher Preis:** sowohl interkategorial (absolut) als auch intrakategorial (relativ) zu anderen Marken derselben Produktkategorie
- **Hohe Produktqualität:** sowohl hinsichtlich der eingesetzten Materialien als auch der wahrgenommenen oder vermuteten hohen Sorgfalt und Expertise im Herstellungsprozess
- **Einzigartigkeit:** spiegelt sich im Eindruck einer schweren Erhältlichkeit bzw. Knappheit wider
- **Ästhetik:** Form, Farbgebung etc. führen zu einem mit allen Sinnen wahrgenommenen Produkterlebnis

---

1 Vgl. Lasslop, I. (2002): *Identitätsorientierte Markenführung bei Luxusprodukten*, S. 331, in: Meffert, H. / Burmann, C. / Koers, M. (Hrsg.): Markenmanagement; Kisabaka, L. (2001): *Marketing für Luxusprodukte*, S. 120
2 Die Kategorisierung als Luxusmarke kann ebenfalls interpersonell und situativ unterschiedlich ausgeprägt sein und ist zeitlich nicht konstant. Vgl. Meffert, H. / Lasslop, I. (2003): *Luxusmarkenstrategie*, S. 6
3 Vgl. Lasslop, I. (2002): *Identitätsorientierte Markenführung bei Luxusprodukten*, S. 331, in: Meffert, H. / Burmann, C. / Koers, M. (Hrsg.): Markenmanagement
4 Vgl. Dubois, B. / Laurent, G. / Czellar, S. (2001): *Consumer rapport to luxury*, S. 1 ff., zitiert nach: Meffert, H. / Lasslop, I. (2003): *Luxusmarkenstrategie*, S. 5

- **Historie:** durch eine wahrgenommene Kontinuität in Auftritt und Design
- **Nicht-Notwendigkeit:** schlägt sich in einer dominierenden Wahrnehmung symbolischer gegenüber technisch-funktionaler Eigenschaften nieder

Zusammen schaffen diese spezifisch und **subjektiv** wahrgenommenen Merkmale einen besonderen **ideellen Nutzen** für den Konsumenten. Dieser besteht darin, durch den Kauf und Besitz von Luxusmarken eigene Wertvorstellungen, die Zugehörigkeit zu einer sozialen Gruppe oder Status und Prestige demonstrieren zu können.[5] Während bei Handels- und generischen Basismarken die Erfüllung der Markenfunktionen „Informationseffizienz" und „Risikoreduktion" dominieren, treten diese mit steigendem „Luxusgrad" der Marke zugunsten des symbolischen Markennutzens in den Hintergrund.[6]

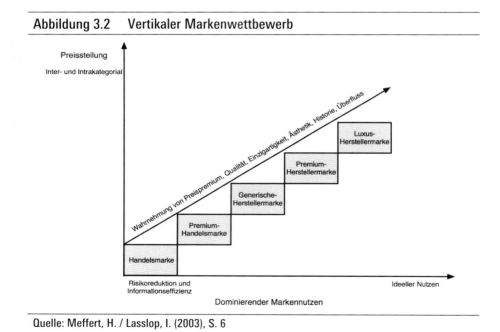

Abbildung 3.2 Vertikaler Markenwettbewerb

Quelle: Meffert, H. / Lasslop, I. (2003), S. 6

---

5 Vgl. Valtin, A. (2005): *Der Wert von Luxusmarken*, S. 29
6 Vgl. Fischer, M. / Hieronimus, F. / Kranz, M. (2002): *Markenrelevanz in der Unternehmensführung*, S. 18 ff.

3.1.2 Angebots- und nachfrageorientierte Unterscheidung

Bei der **Charakterisierung von Luxusmodemarken** unterscheidet man grundsätzlich zwischen angebots- und nachfrageorientierten Formen. Werden Luxusmarke und Luxusgut synonym verwendet, handelt es sich um eine **angebotsorientierte Klassifizierung**, die von der Produktkategorie abhängt.[7] Eine Marke wie beispielsweise Gucci ist für einen Teil ihrer Produkte ein Luxusunikat, für einen weiteren Teil eine Luxusmarke und schließlich für einen dritten Teil eine gehobene Marke.[8] Für letztgenannte Dimension sind beispielsweise Lizenzvergaben im Sinne von Brand-Extensions bei der Herstellung von Accessoires und Düften oder auch Einsteigerlinien anzuführen. Das jeweilige Markenniveau wird durch bestimmte angebotsorientierte Kriterien wie Preis, Produktqualität, Grad der Einzigartigkeit, Art der Herstellung, Vermarktung und Distribution bestimmt.[9]

Die Einstufung der Luxusmarke aus **nachfrageorientierter Perspektive** erfolgt durch eine ganzheitliche Beurteilung des Markenkerns, unabhängig von der Produktkategorie.[10] Prada bleibt Prada – ganz gleich, ob Handtasche, Abendkleid oder Parfum den Markennamen tragen.

Abbildung 3.3 zeigt eine **angebotsorientierte Abgrenzung** von Luxusmode. Dabei soll insbesondere die erwähnte Abgrenzungsproblematik von Luxus- und Premium- bzw. Premium- und Massenmode verdeutlicht werden. Die Grenzen sind hier oftmals fließend.

---

[7] Vgl. Lasslop, I. (2002): *Identitätsorientierte Markenführung bei Luxusprodukten*, S. 332, in: Meffert, H. / Burmann, C. / Koers, M. (Hrsg.): Markenmanagement
[8] Vgl. Kapferer, J.-N. (2001): *Luxusmarken*, S. 351 in: Esch, F.-R. (Hrsg.): Moderne Markenführung
[9] Vgl. Kapferer, J.-N. (1992): *Die Marke – Kapital des Unternehmens*, S. 351
[10] Vgl. Lasslop, I. (2002): *Identitätsorientierte Markenführung bei Luxusprodukten*, S. 332, in: Meffert, H. / Burmann, C. / Koers, M. (Hrsg.): Markenmanagement

Abbildung 3.3　Angebotsorientierte Abgrenzung von Luxusmode

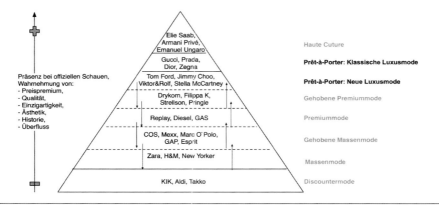

Quelle: eigene Darstellung

Während **Haute Couture** ein einmaliges, von einem Schneider kreiertes, handgefertigtes Objekt von höchster Perfektion beschreibt und damit als „Höhepunkt des Systems"[11] gesehen wird, versteht man unter **Prêt-à-Porter** Modekollektionen, die überwiegend in kleinen Serien für eine bestimmte Zeit auf den Markt kommen. Obwohl es sich um maßgeschneiderte Standardware handelt, sind diese Kollektionen in qualitativer und ästhetischer Hinsicht auf höchstem Niveau. Marken wie Tom Ford, deren Firmenhistorie nicht so weit reichend wie die „klassischer Luxusmodemarken" ist, werden hier mit dem Begriff **„neuer Luxus"** beschrieben. Diese Marken konnten sich zwar bereits im Luxusmodesegment etablieren, verfügen jedoch nicht über die Tradition klassischer Luxusmodemarken. Da ihr Erfolg eher auf Kommunikation als auf Historie begründet ist, unterscheiden sie sich auch in ihrer Markenführung von klassischen Luxusmodemarken.[12] Im Vergleich dazu trägt die Premiummarke die seriengefertigte **Premiumware** des Hauptlabels. Diese wird in höherer Stückzahl produziert und distribuiert und ist so einer breiteren Konsumentenschicht zugänglich.[13] Dennoch sind diese Marken mit einem höheren funktionalen oder symbolisch-emotionalen Nutzen verbunden und teurer als

---

11　Kapferer, J.-N. (2001): *Luxusmarken*, S. 353 in: Esch, F.-R. (Hrsg.): Moderne Markenführung
12　Vgl. ebenda
13　Vgl. Büttner, M., u.a. (2008): *Phänomen Luxusmarke*, S. 11

vergleichbare Produkte ihrer Kategorie und heben sich so von **Massen- oder Discountermode** ab.

3.1.3 Modemarken im Wandel

Modemarken haben sich in den vergangenen Jahren **stark in ihrer Eigen- und Außenwahrnehmung gewandelt**. Hersteller wie Zara, Mango oder H&M orientieren sich in ihrem strategischen Marketing-Mix zunehmend an klassischen Luxusmodemarken.[14] Durch (temporäre) Co-Branding-Kollaborationen mit Modedesignern wie Karl Lagerfeld, Matthew Williamson, Jimmy Choo und Sonia Rykiel oder den Einsatz professioneller Modelle wie Claudia Schiffer und Gisèle Bündchen versucht zum Beispiel H&M, ein exklusiveres Image zu generieren und neue Konsumentengruppen zu erreichen. Obwohl H&M deswegen nicht als Luxusmodemarke bezeichnet wird, erschwert dieses Verhalten zunehmend eine klare Abgrenzung von Luxus- und Premium- sowie Premium- und Massenmarke. Die Problematik wird durch die Etablierung von „**Einstiegslinien**" als Folge der Trading-down-Strategien einiger Luxusmodehersteller und die zunehmende exklusive Differenzierung des Markenportfolios von Herstellern des mittleren Preissegments verstärkt. Beispielhaft sind hier Markenlinien wie „Armani Exchange", „DKNY" oder „D&G" zu nennen, die von der Aura der Dachmarke profitieren, jedoch in einem eher niedrigeren Preissegment angesetzt sind und dadurch einer breiteren Konsumentenschicht zugänglich gemacht werden.

---

14 Vgl. Okonkwo, U. (2007): *Luxury Fashion Branding*, S. 227

Abbildung 3.4   Matthew Williamson für H&M

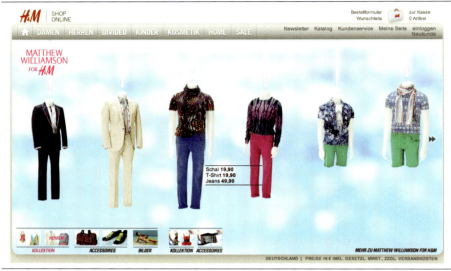

Quelle: H&M: http://shop.hm.com/de, Zugriff am 08.06.2009

In Konzernen, in denen Luxus- und Premiummarken unter einem Dach geführt werden, wird darauf abgezielt, dass die hauseigene Luxusmarke ihre Aura und ihr Image auf untere Markenebenen überträgt, während umgekehrt der Verkauf von Premiummarken die finanziellen Mittel für die Erhaltung des immateriellen und abstrakten Luxus-Markenkerns bereitstellt.[15] So stellte eine Handtaschenkollektion von Designer Tom Ford, die preislich für eine breitere Konsumentenschicht erreichbar gemacht wurde, eine Haupteinnahmequelle für Gucci dar.[16] Gleiches gilt für die Marke Miu-Miu, die 1992 als preisgünstigere Ergänzung zur ursprünglichen Prada-Line eingeführt wurde und sich eher an ein jüngeres Publikum richtet.

Diese „**Demokratisierung des Luxus**"[17] bewahrt Luxusmodemarken in Zeiten der Rezession vor Umsatzeinbrüchen und stellt gleichzeitig die finanziellen Mittel für die Kreation der Haute Couture zur Verfügung, die aus wirtschaftlicher Sicht eher eine untergeordnete Rolle spielt, ohne die aber das „Ausstrahlungspotenzial" einer Luxus-

---

15 Vgl. Kapferer, J.-N. (1992): *Die Marke – Kapital des Unternehmens*, S. 352
16 Vgl. Büttner, M., u.a. (2008): *Phänomen Luxusmarke*, S. 11
17 Kapferer, J.-N. (2001): *Luxusmarken*, S. 356 in: Esch, F.-R. (Hrsg.): Moderne Markenführung

modemarke zum „Erlöschen" käme.[18] Sie birgt aber auch die **Gefahr einer Überdehnung** der Luxusmarke in sich und macht sie anfälliger für Rezessionen: „Je mehr man eine Marke kauft, umso weniger träumt man von ihr."[19] Es ist daher Aufgabe des Managements von Luxusmodemarken, die Profitabilität des Unternehmens aufrechtzuerhalten, ohne die Exklusivität der Marke zu schädigen.

Zusammenfassend soll Luxusmode im weiteren Verlauf dieses Buches mit folgender **Definition** beschrieben werden:

Luxusmode umfasst die textile Bekleidung einer Luxusmodemarke, die sich durch

- limitierte Auflagen,
- gehobenen Preis,
- Begehrlichkeit und Ästhetik,
- Qualität sowie
- durch Präsenz bei offiziellen Schauen (Paris, London, Mailand, New York)

von vergleichbarer Bekleidung ihrer Kategorie abhebt, ohne als Luxusunikat (Haute Cuture) zu gelten, und ist damit als reale Konkretisierung der mit Luxusmodemarken verbundenen symbolisch-emotionalen Vorstellungen zu verstehen.

3.2 Der Luxus(mode)markt

Die Problematik der subjektiv geprägten Definition von Luxus und ihre terminologische Unschärfe erschwert es, den Weltmarkt für Luxusgüter exakt in Zahlen zu fassen. So unterscheiden sich die Einschätzungen von Marktbeobachtern zum Teil erheblich.[20] Die nachfolgenden Informationen stützen sich auf die Studie „Der Markt der Luxusgüter" von Focus Medialine. Nach dieser umfasst der weltweite Luxusmarkt die Segmente Bekleidung, Uhren & Schmuck, Parfum & Kosmetik, Accessoires und besitzt ein Marktvolumen von schät-

---

18 Kapferer, J.-N. (2001): *Luxusmarken*, S. 352 in: Esch, F.-R. (Hrsg.): Moderne Markenführung
19 Ebenda, S. 352
20 Vgl. Axel Springer AG Marketing Anzeigen [Hrsg.] (2004): *Luxusprodukte*, S. 2

zungsweise 175 Mrd. Euro im Jahr 2008, was einem Wachstum von etwa drei Prozent im Vergleich zum Vorjahr entspricht.[21] Damit ging das Wachstum im Vergleich zu Vorjahren, in denen die Zuwächse bei fast sieben bzw. neun Prozent gelegen hatten, deutlich zurück. Dies lässt sich vor allem mit der Finanzkrise, dem Absturz der Börsen und den starken Schwankungen der Wechselkurse begründen. Die Luxusmärkte hatten das Auf und Ab der weltweiten Wirtschaft bis dahin gut überstanden.

Abbildung 3.5   Entwicklung des Luxusgütermarktes

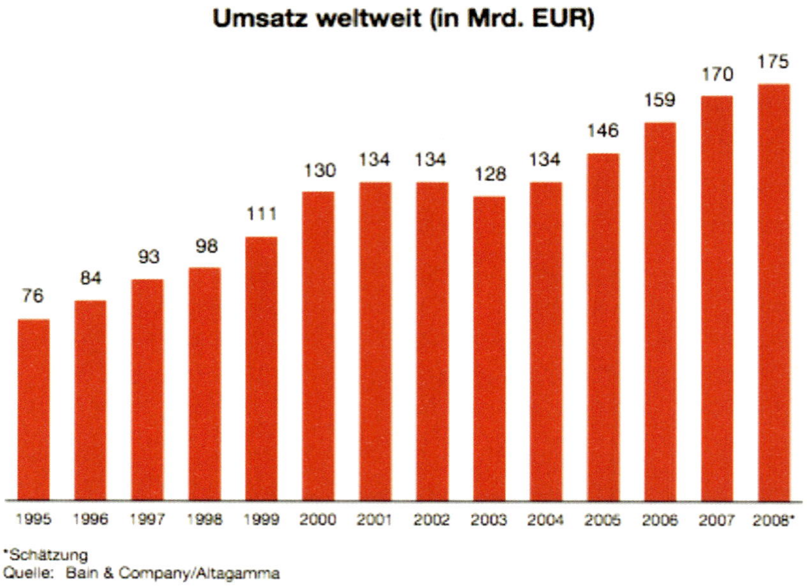

Umsatz weltweit (in Mrd. EUR)

Jahr	Umsatz
1995	76
1996	84
1997	93
1998	98
1999	111
2000	130
2001	134
2002	134
2003	128
2004	134
2005	146
2006	159
2007	170
2008*	175

*Schätzung
Quelle: Bain & Company/Altagamma

Quelle: Focus Marktanalysen [Hrsg.] (2009), S. 1

Verglichen mit anderen Branchen ist die Luxusgüterindustrie gemessen an der Anzahl ihrer Beteiligten relativ klein. Diese üben durch ihre hohen Anforderungen in Bezug auf Qualität, verwendete Materialien, Design, Verpackung oder Kommunikation jedoch starken Einfluss auf andere Branchen aus und besitzen eine hohe Faszinations- und Anziehungskraft.

---

21 Vgl. Focus Marktanalysen [Hrsg.] (2009): *Der Markt der Luxusgüter*, S. 1

3.2.1 Luxus ist international

Europa nimmt in der global geprägten Luxusbranche mit 38 Prozent derzeit noch den größten Anteil nach Umsätzen ein.[22] Der asiatisch-pazifische Raum und der mittlere Osten stellen mit erwarteten Zuwachsraten von 20 bis 35 Prozent in den nächsten fünf Jahren allerdings das größte Potenzial dar, da der Heimatmarkt für Luxusgüter dort noch nicht so weit entwickelt ist und sich diese Länder in einem rasanten Wirtschaftswachstum befinden.[23] Zudem verfügen diese Staaten über einen steigenden Anteil an extrem wohlhabenden Käuferschichten, die westliche Konsummuster und Statussymbole übernehmen.

Abbildung 3.6 zeigt eine geschätzte Aufteilung der Umsätze im Luxusmarkt nach Regionen im Jahr 2008.

Abbildung 3.6 Luxusgütermarkt Umsätze nach Regionen

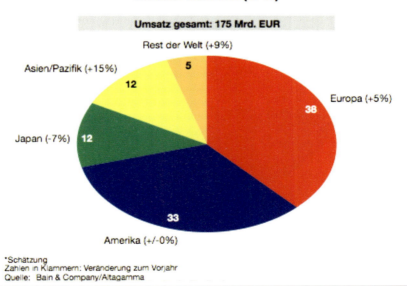

Quelle: Focus Marktanalysen (2009), S. 2

---
22 Vgl. Focus Marktanalysen [Hrsg.] (2009): *Der Markt der Luxusgüter*, S. 2
23 Vgl. ebenda

Auf das Segment **Mode und Bekleidung** entfällt mit über 28 Prozent der **größte Umsatzanteil**. Bei einem geschätzten Marktvolumen von 175 Mrd. Euro entspricht dies ca. 49 Mrd. Euro. Davon stellt der Bereich der Damenmode das wichtigste Segment dar. Generell wird eine realistische Einschätzung des Gesamtmarktes für Luxusmode dadurch erschwert, dass viele inhabergeführte Luxusmodeunternehmen, wie Chanel oder Prada, keine oder **nur sehr wenige Finanzzahlen** veröffentlichen oder diese nicht genau nach einzelnen Segmenten aufschlüsseln.

Abbildung 3.7 zeigt die wirtschaftliche Bedeutung des Segments Mode und Bekleidung im Verhältnis zu anderen Luxusmarktsegmenten:

Abbildung 3.7   Segmente des Luxusgütermarkts

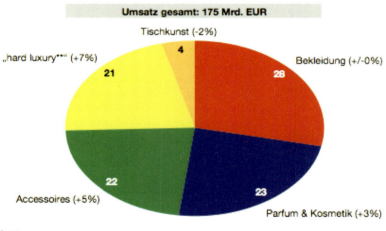

Quelle: Focus Marktanalysen (2009), S. 1

3.2.2 Anbieter von Luxusmode

Während bereits Mitte der 90er Jahre allein für den deutschen Textilmarkt mehr als 6.300 Marken konstatiert wurden[24], lassen sich bis zum Jahr 2010 weltweit nur annähernd **200 Luxusmodemarken** feststellen.[25] Trotz wachsender Bedeutung amerikanischer oder britischer Luxusmodemarken dominieren vorwiegend italienische und französische Hersteller den globalen Markt. Diese oftmals inhabergeführten Unternehmen werden im Zuge einer **verstärkten Expansionspolitik** jedoch zunehmend von **Multimarkenkonzernen** übernommen.[26] Damit erhöht sich der Konkurrenzdruck insbesondere auf mittelständische, regional operierende Luxusmodehersteller.[27] Der stattfindende **Kampf um Manager und insbesondere Designer** stellt eine weitere Konsequenz dieser M&A-Aktivitäten dar.[28]

Der **hohe Break-Even** ist ein weiteres kennzeichnendes Charakteristikum des Luxusmodemarktes. Stationäre Verkaufsstätten, die sich global zumeist in bester Lage befinden, die Personal- und Materialkosten, aber auch die Kosten für die Inszenierung der Marke durch Fashion-Shows, stellen ein hohes Investment dar und führen dazu, dass viele Hersteller zunächst über einen längeren Zeitraum stark verlustreich operieren. Wird allerdings ein bestimmtes Volumen erzielt und so der Break-Even überschritten, ist mit hohen Margen und Gewinnen zu rechnen.[29] Um die anfänglichen Verluste auszugleichen finanzieren sich viele Hersteller daher über Lizenzverträge in anderen Produktkategorien wie Kosmetik und Parfüm oder Schmuck.

Allgemein wird davon ausgegangen, dass die **Wettbewerbsintensität** im Bereich der Luxusmode vermeintlich schwächer ausgeprägt ist als in anderen Branchen. Dies lässt sich insbesondere auf eine geringere Bedeutung des Preises als Wettbewerbsinstrument zurück-

---

24 Vgl. Gebauer, E. (1996): *Labels machen Leute*, in: BAG Handelsmagazin, Nr. 6, 1996, S. 56 ff.
25 Eigene Schätzung auf Grundlage von: Okonkwo, U. (2007): *Luxury Fashion Branding*, S. 45 ff.
26 Vgl. Valtin, A. (2005): *Der Wert von Luxusmarken*, S. 7
27 Vgl. Lasslop, I. (2002): *Identitätsorientierte Führung von Luxusmarken*, in: S. 330, in: Meffert, H. / Burmann, C. / Koers, M. (Hrsg.): *Markenmanagement*
28 Vgl. Valtin, A. (2005): *Der Wert von Luxusmarken*, S. 8
29 Vgl. Chevalier, C.; Mazzalovo, G. (2008) Luxury Brand Management – A world of privilege, S. 8

führen.[30] Als schwer zu überwindende **Markteintrittsbarriere** für neue Wettbewerber gilt vor allem die **Tradition** vieler international führender Luxusmodemarken[31], da sie diesen den Status einer Institution verleiht.[32] Dennoch ist es in der Vergangenheit einigen Marken gelungen, sich ohne Rückblick auf eine lange Historie als Luxusmodemarke zu etablieren. Beispielhaft sind hier Stella McCartney (gegründet: 2001) oder Tom Ford (gegründet: 2006) zu nennen. Beide Marken verdanken einen großen Teil ihres Erfolgs der Anziehungskraft ihrer Gründer und Namensgeber, die mit ihrer Arbeit zuvor internationale Luxusmodemarken wie Chloé oder Gucci prägen konnten.

Der Multimarkenkonzern **LVMH,** zu dessen Portfolio-Marken wie Louis Vuitton, Christian Dior, Givenchy, Kenzo, Donna Karan, Marc Jacobs, Emilio Pucci und Fendi gehören, gilt als **Marktführer** im Segment der Luxusmode. Trotz aktueller weltweiter Probleme im Finanzsektor, die durch die Immobilienkrise in den USA ausgelöst wurden und einen Rückgang des privaten Konsums nach sich zogen, konnten sich die Umsatzzahlen des Unternehmens auch im Geschäftsjahr 2008 positiv entwickeln.[33] Mit einem Umsatz von 17,19 Mrd. Euro weltweit im Geschäftsjahr 2008 steigerte LVMH seinen Umsatz zum Vorjahr um ca. 4,3 Prozent.[34] Mode- und Lederwaren stellen mit 6,01 Mrd. Euro das wichtigste Geschäftsfeld nach Umsatz dar, was einer Steigerung von ca. 6,8 Prozent im Vergleich zum Vorjahr entspricht.[35] Gleiches gilt für die Hugo Boss AG, die trotz des allgemeinen Trends zur Konsumzurückhaltung ihren Umsatz steigern konnte. Im Vergleich zum Vorjahr vermeldet der Jahresbericht 2008 ein währungsbereinigtes Wachstum der Umsatzerlöse um 6 Prozent auf 1.686 Mio. Euro weltweit.[36] Da auch andere global operierende Luxusmodeunternehmen Umsatzzuwächse vermelden konnten, lässt dies zunächst die Hypothese zu, die Luxusmodebranche reagiere im Vergleich zu ande-

---

30 Vgl. Lasslop, I. (2002): *Identitätsorientierte Führung von Luxusmarken*, in: S. 329, in: Meffert, H. / Burmann, C. / Koers, M. (Hrsg.): Markenmanagement
31 z.B. Burberry (gegründet: 1856), Chanel (gegründet: 1910), Gucci (gegründet: 1921), Vgl. Okonkwo, U. (2007): *Luxury Fashion Branding*, S. 45 ff.
32 Vgl. Lasslop, I. (2002): *Identitätsorientierte Führung von Luxusmarken*, in: S. 330, in: Meffert, H. / Burmann, C. / Koers, M. (Hrsg.): Markenmanagement
33 Vgl. LVMH [Hrsg.] (2009): *2008 Annual Report*, S. 8.
34 Vgl. ebenda
35 Vgl. ebenda
36 Vgl. Hugo Boss AG [Hrsg.] (2008): *Quartalsbericht Januar-September 2008*, S. 4

ren Branchen **weniger anfällig auf Konjunkturschwankungen**, was sich mit der genannten geringeren Bedeutung des Preises als Wettbewerbsinstrument begründen ließe. Die Insolvenz des Pariser Modehauses Christian Lacroix oder die brisante finanzielle Lage bei Escada, die im Jahr 2009 zu einer Insolvenz des Unternehmens führte, zeigen allerdings, dass auch Luxusmodemarken keineswegs von der Weltwirtschaftskrise verschont bleiben.

3.2.3 Die Bedeutung des E-Commerce im Modesegment

Über den genauen Umsatz von Luxusmode im Internet lassen sich derzeit ebenfalls nur Schätzungen anstellen, da noch keine empirischen Studien vorliegen, die diesen differenziert beschreiben und die Unternehmen, die Luxusmode im Internet vertreiben, auch hier nur wenige Finanzzahlen publizieren. Nach Angaben von Bain & Company stieg der allgemeine Online-Umsatz von Luxusgütern von 2006 bis 2007 von 1,5 auf 2,5 Mrd. Euro und dürfte auch 2008 weiter gewachsen sein.[37]

Tendenziell lässt sich aussagen, dass das **Internet als Vertriebskanal** für Mode und Bekleidung zunehmend an Bedeutung gewinnt. So konnten im Jahr 2008 allein in Deutschland 4,63 Mrd. Euro durch den Online-Retail umgesetzt werden.[38] Dies entspricht einem Wachstum von annähernd 20 Prozent im Vergleich zum Vorjahr, wie Abbildung 3.8 verdeutlicht.

---

37 Vgl. Focus Marktanalysen [Hrsg.] (2009): *Der Markt der Luxusgüter*, S. 4
38 Vgl. ebenda, S. 5

Abbildung 3.8 Online-Umsätze nach Warengruppen (in Mio. Euro)

Quelle: bvh / TNS-Infratest 2008, zitiert nach: Bitkom (2008): Praxisleitfaden E-Commerce, S. 13

3.3 Konsumenten von Luxusmode

Im folgenden Abschnitt sollen die möglichen Zielgruppen für einen E-Shop im Bereich der Luxusmode typisiert und mögliche Kaufmotive genannt werden. Das Wissen um die Zielgruppe spielt bei weiteren strategischen und konzeptionellen Überlegungen für die Umsetzung eines E-Shops im Bereich der Luxusmode eine bedeutsame Rolle und ist daher von zentraler Bedeutung.

Um den Konsum von Luxusmode zu erklären, werden hauptsächlich **soziale Faktoren** wie das Einkommen und der gesellschaftliche Rang des Konsumenten herangezogen.[39] So entwickelte Veblen schon 1899 die „Theorie der feinen Leute", die unter anderem aussagt, dass Konsumenten hochpreisige Produkte zur „Zurschaustellung" ihres Reichtums verwenden.[40]

---

39 Vgl. Kisabaka, L. (2001): *Marketing für Luxusprodukte*, S. 14
40 Vgl. Veblen, T. (1958): *Theorie der feinen Leute*, S. 79 ff.

3.3.1 Konsummotive für Luxusmode

Wie die Diskussion zum Begriffsverständnis von Luxusmarken zeigt, spielen neben dem wirtschaftlichen „Können" vor allem emotionale, abstrakte Assoziationen eine entscheidende Rolle für den Konsum von Luxusmode. Im Folgenden sollen **vier Einflüsse** beschrieben werden, die zur Herleitung der **zentralen Motive**[41] für den Konsum von Luxusmode herangezogen werden können:

- **Veblen-Effekt:** Veblen prägte den Begriff des „demonstrativen Konsums" als Motiv des Luxuskonsums.[42] Danach erfüllen Luxusprodukte wie Luxusmode hauptsächlich eine Abgrenzungsfunktion nach unten und sind Ausdruck der Zugehörigkeit zu höheren Klassen durch die Demonstration von Status und Prestige. Der Veblen-Effekt unterstellt eine atypische positive Korrelation zwischen der Nachfrage und dem Preis eines Gutes und beschreibt die Bereitschaft, einen höheren Preis für ein Gut zu zahlen als für ein funktionales gleichwertiges Produkt, wenn damit das Motiv des demonstrativen Konsums befriedigt wird.[43]

- **Snob-Effekt:** Der Snob-Effekt beschreibt das Phänomen einer sinkenden Nachfrage, wenn andere Individuen das gleiche Produkt kaufen.[44] Bei steigendem Distributionsgrad sinkt der Distinktionswert und damit verbunden die Exklusivität eines Produkts. Das Produkt eignet sich nicht mehr zur Differenzierung und zum Ausdruck der eigenen Persönlichkeit.

- **Bandwagon-Effekt (Mitläufer-Effekt):** Demnach wird die Nachfrage eines Gutes durch die Tatsache gesteigert, dass andere Individuen das Gut konsumieren, was zu einer positiven Korrelation zwischen dem eigenen Verbrauch und dem Verbrauch der Referenzgruppe führt.[45] Damit verhält sich der Bandwagon-Effekt kon-

---

41 Unter Motiven werden in der Psychologie aktivierende Prozesse mit richtunggebender Tendenz verstanden. Vgl. Wiswede, G. (1995): *Einführung in die Wirtschaftspsychologie*, S. 59
42 Vgl. Veblen, T. (1958): *Theorie der feinen Leute*, S. 81 ff.
43 Vgl. Belz, O. (1994): *Luxusmarkenstrategien*, S.647, in: Bruhn, M. (Hrsg.): Handbuch Markenartikel, Bd. 1: Markenbegriffe - Markentheorien - Markeninformationen - Markenstrategien
44 Vgl. Leibenstein, H. (1950): *Bandwagon, Snob, and Veblen effects*, S. 189, in: Quarterly Journal of Economics, No. 2, May 1950, Vol. LXIV
45 Vgl. ebenda, S. 202 ff.

trär zum Snob-Effekt. Diesem Effekt kommt beim Konsum von Luxusmode eine besondere Bedeutung zu, da durch deren Besitz die Zugehörigkeit zu einer bestimmten Schicht- oder Referenzgruppe demonstriert werden soll.

- **Streben nach Hedonismus:** Ausgehend von einer hedonistischen Orientierung der Verbraucher muss Luxusmode nicht zwingend sozial wahrnehmbar sein. Marken verkörpern vielmehr ein Mittel, die eigene Persönlichkeit auszudrücken.[46] Demnach kaufen Individuen ein Modeobjekt, um die Markeneigenschaften auf die eigene Persönlichkeit zu übertragen und somit ihr Selbstkonzept zu festigen.[47] Die Marke bzw. Mode wird somit Kommunikationsmittel der eigenen Individualität.

3.3.2 Klassische und hybride Luxuskonsumenten

Klassische Konsumenten von Luxusmode unterscheiden sich in ihrem Kaufprozess von konventionellen Modekonsumenten dadurch, dass ihr **Kaufprozess eher emotional als rational oder nach Kosten-Nutzen-Orientierung** verläuft. Ihre Bindung zu der Marke ist wesentlich stärker ausgeprägt. Klassische Luxuskonsumenten schätzen die Atmosphäre und den persönlichen Service der stationären Stores und sind in vielen Fällen seit langer Zeit als Stammkunden aktiv. Durch sinnvoll angelegte Marketing- und Kommunikationsmaßnahmen sollte es Ziel eines Herstellers sein, die bestehenden Offline-Kontakte zu digitalisieren, da diese Konsumenten bereits eine sehr hohe Markenbindung und großes Vertrauen in das Unternehmen besitzen und nicht erst überzeugt werden müssen. Zudem lassen sich hier Synergien ausnutzen: Konsumenten informieren sich online und kaufen stationär ein. Im Zuge der zunehmenden Zeitknappheit spielt allerdings auch der umgekehrte Weg eine bedeutende Rolle.

Ausgehend vom Typ des klassischen Luxuskonsumenten ergibt sich die Hypothese, dass Luxusmode ausschließlich von wohlhabenden Kreisen, wie Erben hoher Vermögen, Unternehmern, leitenden

---

46 Vgl. Korneli, B. (2007): Internationale Markenführung von Luxusprodukten, S. 9
47 Vgl. Grubb, E. / Grathwohl, H. (1967): *Consumer self-concept*, S. 22 ff., in: Journal of Marketing, Vol. 31, Issue 4

Angestellten und Beamten, Bankern, Brokern oder Prominenten aus dem Showbusiness, konsumiert wird, da ein hoher Preis charakteristisch für sie ist.

Die hierarchische Gliederung von Luxusprodukten mit analoger Zuordnung spezifischer Gesellschaftsschichten, wie sie zum Beispiel Allérès vornimmt,[48] erscheint aufgrund der Markt- und Konsumentenentwicklung jedoch als **nicht mehr zeitgemäß**. So ist eine Tendenz im Verbraucherverhalten zu erkennen, bei begrenztem Budget disproportional zu reagieren und durch gezielten Konsumverzicht Freiraum für Sonderausgaben wie Luxusmode zu schaffen.[49] Die bereits erwähnten Einstiegslinien der Luxusmodehersteller fördern zusätzlich die Demokratisierung der Luxusmode, die es allen Schichten ermöglicht, diese durch kalkuliertes Sparen konsumieren zu können. So lässt sich das Kleid von Mango mit einer Cut-Out Tasche von Miu Miu oder Pumps von Marc by Marc Jacobs aufwerten.

Neben den klassischen Luxuskonsumenten, die sich meist am eigenen Geschmack und nicht an den Kosten der Ware orientieren, existiert demnach noch eine **neue Gruppe von Endverbrauchern**: Die so genannten **Smart-Shopper** sind vor allem auf der Suche nach Preisvorteilen in hoher Qualität. Damit unterscheidet sich der Smart-Shopper von einem Schnäppchenjäger, der ausschließlich nach Angeboten zumeist im unteren Preissegment sucht. Obwohl der durchschnittliche Warenkorb der Smart-Shopper in der Regel geringer ist, als der der klassischen Luxuskonsumenten, ist das Erlöspotenzial, das sie Herstellern bieten, nicht zu unterschätzen. Die ausschließliche Konzentration auf diese Zielgruppe birgt allerdings ein hohes Risiko: Da Smart-Shopper in der Regel eine geringere Markenloyalität besitzen als klassische Luxuskonsumenten, wird eine langfristige Bindung an die Marke erschwert. Zudem unterliegt das Einkaufsverhalten dieser Endkundengruppe wesentlich stärker konjunkturellen Schwankungen.

---

48 Vgl. Allérès, D. (1993): *L´univers du luxe*, in: Regards sur l´actualité, No. 187, S. 18
49 Vgl. Wiswede, G. (1991): *Der „neue Konsument"*, S. 36 f., in: Szallies, v. R. / Wiswede, G. (Hrsg.): Wertewandel und Konsum

3.3.3 Einkommen als Ausschlusskriterium

Trotz des „**hybriden Konsums**"[50] der Smart-Shopper muss festgehalten werden, dass das Einkommen bzw. die **Kaufkraft als eine der wichtigsten Filtergrößen** für den Kauf von Luxusmode dient, da aufgrund des hohen Preisniveaus von Luxusmode spezifische Kundenkreise kategorisch vom Konsum ausgeschlossen werden.

Der aktuelle „**World Wealth Report 2009**"[51] identifiziert für das Berichtsjahr 2008 weltweit 8,6 Millionen **HNWIs** (High Net Worth Individuals), das heißt Personen mit einem privaten Finanzvermögen von mehr als einer Million US-Dollar.[52] Von 2007 auf 2008 fiel die Zahl der vermögenden Privatpersonen, die aufgrund ihrer persönlichen Kaufkraft für den Konsum von Luxusmode in Frage kommen, damit weltweit um 14,9 Prozent.[53] In Deutschland sank die Zahl der HNWIs im gleichen Zeitraum um 2,4 Prozent und liegt damit aktuell bei 810.000.[54] Damit liegt Deutschland bei der Zahl der Reichen im internationalen Vergleich an dritter Stelle.[55]

Dass die Höhe des Haushaltsnettoeinkommens und der Konsum von Luxusgütern miteinander korrelieren, belegt die Studie „Communication Networks 11.1 Trend"[56] explizit, wie Abbildung 3.9 verdeutlicht.

---

50 Hybrides Konsumverhalten bedeutet, dass ein Konsument für bestimmte Produkte in bestimmten Situationen bereitwillig mehr Geld ausgibt, während er in anderen Situationen genau auf den Preis achtet. Dieses konträre Verhaltensmuster behält er im Zeitverlauf stabil. Vgl. Valtin, A. (2005): *Der Wert von Luxusmarken*, S. 3
51 Der „World Wealth Report" beschreibt die weltweite Entwicklung der HNWIs und wird von dem Finanzdienstleistungsunternehmen Merrill Lynch in Zusammenarbeit mit der Beratungsgesellschaft Capgemini jährlich veröffentlicht.
52 Selbst genutzte Immobilien werden hier nicht berücksichtigt. Vgl. Capgemini / Merrill Lynch [Hrsg.] (2009): *World Wealth Report 2009*, S. 3
53 Vgl. Capgemini / Merrill Lynch [Hrsg.] (2009): *World Wealth Report 2009*, S. 3
54 Vgl. ebenda, S. 5
55 Vgl. Focus Marktanalysen (2009): Der Markt der Luxusgüter, S. 3
56 Die Studie Communication Networks 11.1 Trend ist mit einer Fallzahl von 20.434 eine der größten Markt-Media-Studien in Deutschland.

Abbildung 3.9 Luxuskäufer 2008 – soziodemographisches Profil

	Bevölkerung, 20-69 Jahre (49,90 Mio.) Struktur in %	Luxus-käufer* (5,59 Mio.) Struktur in %	Index
Männer	49,9	46,8	94
Frauen	50,1	53,2	106
Alter			
20 bis 29 Jahre	16,7	20,0	119
30 bis 39 Jahre	20,3	21,9	108
40 bis 49 Jahre	24,4	24,6	101
50 bis 69 Jahre	38,6	33,5	87
Jetziger/früherer Beruf			
Selbstständige/Freie	7,8	13,6	176
Ltd. Angestellte/höhere Beamte	4,7	9,2	197
Sonstige Angestellte/Beamte	49,9	51,5	103
Arbeiter Gesamt	31,2	19,5	62
Persönliches Nettoeinkommen			
Bis unter 2.000 EUR	76,3	64,8	85
2.000 bis unter 3.000 EUR	12,3	17,5	142
3.000 EUR und mehr	5,0	12,4	250

*Bevölkerung, 20 bis 69 Jahre und Zustimmung voll und ganz/überwiegend zu folgenden Statements:
„Ich kaufe vorwiegend exklusive Marken" und/oder
„Ich kaufe gern in exklusiven/gehobenen Bekleidungsgeschäften"
Index: Bevölkerung, 20 bis 69 Jahre = 100

Quelle: Burda Community Networks GmbH [Hrsg.] (2008): *Communications Networks 11.1 Trend*, zitiert nach: Focus Marktanalysen [Hrsg.] (2008), S. 44

Die Ansicht, dass Luxusmode eine eine „Frauendomäne" sei, ist längst überholt. Inzwischen lässt sich feststellen, dass Männer und Frauen in etwa gleichstark an Luxus interessiert sind.

3.3.4 Internetnutzung von Luxuskonsumenten

Innerhalb der Altersgruppe 20 bis 49 Jahre, die den größten Teil der Luxuskonsumenten ausmacht, ist das Medium Internet stark verbreitet, wie Abbildung 3.10 zeigt. Dabei verfügen im Durchschnitt 77 Prozent der gekennzeichneten Personen über einen DSL-Zugang, der eine schnelle Übertragung größerer Datenpakte gewährleistet.[57]

---

57 Vgl. ARD/ ZDF [Hrsg.] (2008): ARD-ZDF Onlinestudie 2008 Mediaperspektiven 7/2008, S. 346

Abbildung 3.10 Internetnutzer in Deutschland (Angaben in Prozent)

	2005¹⁾	2005²⁾	2006¹⁾	2006²⁾	2007¹⁾	2007²⁾	2008¹⁾	2008²⁾
Gesamt	57,9	56,7	59,5	57,6	62,7	60,7	65,8	64,3
männlich	67,5	66,2	67,3	65,8	68,9	67,1	72,4	71,2
weiblich	49,1	48,0	52,4	49,9	56,9	54,8	59,6	57,9
14–19 J.	95,7	90,1	97,3	96,1	95,8	93,0	97,2	96,3
20–29 J.	85,3	85,3	87,3	86,0	94,3	94,3	94,8	93,1
30–39 J.	79,9	78,8	80,6	77,0	81,9	79,6	87,9	85,4
40–49 J.	71,0	70,3	72,0	70,3	73,8	72,2	77,3	76,0
50–59 J.	56,5	54,1	60,0	57,6	64,2	61,5	65,7	64,1
ab 60 J.	18,4	18,0	20,3	18,7	25,1	22,7	26,4	25,4
in Ausbildung	97,4	95,8	98,6	95,5	97,6	95,6	96,7	98,1
berufstätig	77,1	76,0	74,0	72,1	78,6	77,3	81,8	80,4
Rentner/ nicht berufstätig	26,3	25,0	28,3	26,6	32,0	29,1	33,6	31,8

1) Gelegentliche Onlinenutzung.
2) Onlinenutzung innerhalb der letzten vier Wochen.
Basis: Onlinenutzer ab 14 Jahren in Deutschland (2008: n=1 186, 2007: n=1 142, 2006: n=1 084, 2005: n=1 075, 2004: n=1 002, 2003: n=1 046, 2002: n=1 011, 2001: n=1 001, 2000: n=1 005, 1999: n=1 002, 1998: n=1 006, 1997: n=1 003).

Quelle: ARD / ZDF [Hrsg.] (2008), S. 330

Im Vergleich zu klassischen Medien wie Print und TV nimmt das Internet im Mediennutzungsverhalten von Luxuskonsumenten eine zunehmend zentralere Rolle ein. Einkommensstarke Zielgruppen sind online-affiner als durchschnittlich Verdienende und lassen sich immer schwerer über klassische Medien erreichen.[58] Berufstätige in gehobenen Positionen sind praktisch den ganzen Tag online und immer seltener bereit, ihre knappe Zeit für Offline-Zeitungen oder Fernsehen zu verwenden. Dabei nutzen sie das Internet neben der (E-Mail-)Kommunikation vor allem für die Suche und Recherche von Informationen, wobei die Themen „Lifestyle" und „Luxus" besonders häufig nachgefragt werden.[59] Generell ist das Internet nach stationären Geschäften der zweitwichtigste Kanal bei der Suche nach Informationen zu Luxusprodukten, wobei die Corporate Website des Herstellers für 64 Prozent der Luxuskonsumenten den ersten und wichtigsten digitalen Anlaufpunkt darstellt.[60]

---

58 Vgl. Welt Online / Plan.Net Agenturgruppe [Hrsg.] (2007): Luxusmarken im Netz – *Das Wissen um den Wert des Besonderen*, S. 7
59 Vgl. ebenda
60 Vgl. ebenda, S. 9

Abbildung 3.11 Informationskanäle für Luxusprodukte

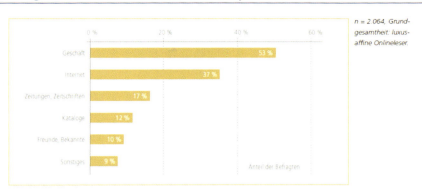

Quelle: Welt Online / Plan.Net Agenturgruppe [Hrsg.] (2007), S. 9

Grundsätzlich soll Herstellern von Luxusmode bereits an dieser Stelle die Empfehlung ausgesprochen werden, gesellschaftliche Trends und Entwicklungen nicht zu ignorieren. Klassische Luxuskonsumenten betrachten die Option, Produkte des Herstellers auch in einem E-Shop kaufen zu können, zunehmend als wichtigen Service an ihrer Person, der ihnen eine erhebliche Zeitersparnis bietet. Aber auch im Hinblick auf die wachsende Bedeutung hybrider Konsumenten als zusätzliche Zielgruppe bieten E-Shops ein hohes Potenzial zur Umsatzgenerierung und Neukundenbindung. Trifft der Konsument im Moment der Informationsphase, die oftmals mit einem konkreten Kaufwunsch verbunden ist, auf ein geeignetes Angebot des Herstellers, wird aus dem Kaufwunsch häufig ein konkretes Kaufbedürfnis, das zu einem positiven Kaufabschluss führen kann. Fehlt die Möglichkeit einer Bedürfnisbefriedigung in Form eines konkreten Angebots jedoch gänzlich, ist damit zu rechnen, dass der Konsument nach einem aus seiner Sicht gleichwertigen Substitut Ausschau hält und den Kontakt zur Marke abbricht. Auf lange Sicht kann dies zu Umsatzeinbußen und einer Dezimierung der Zielgruppe führen, da diese die Marke aufgrund des mangelnden Service wechseln. Im schlimmsten Fall ist sogar der Fortbestand des Unternehmens bedroht: „Meist wird der Verlust der kreativen und innovativen Spannkraft der Marke diagnostiziert, verbunden mit einem schrumpfenden Kreis, dessen Alterungsprozess man begleitet" und „einer ungenügenden Kontrolle und Pflege der Vertriebswege (...)".[61] Ein positiver Kontakt mit dem Hersteller hingegen kann dazu führen, dass der Konsument die jeweilige Marke in sein Relevant Set aufnimmt und zukünftig weitere Einkäufe tätig.

3.4 Lessons Learned

- Durch die volumenmäßige Beschränkung von Luxusmode und die erhöhten Verkaufspreise kommt national betrachtet nur ein sehr begrenzter Kreis von Konsumenten als Zielgruppe in Frage.
- Für Hersteller von Luxusmode ergibt sich daher die Notwendigkeit, sich international auszudehnen, um einen ausreichend großen Absatz für die Deckung der fixen Kosten zu erzielen und zusätzliche Gewinne zu erwirtschaften.[62]
- Der Luxusmodemarkt ist daher ein internationaler Markt, der vorwiegend von einigen wenigen Multimarkenkonzernen dominiert wird.
- Trotz Finanz- und Wirtschaftskrise ist der Luxusmodemarkt noch nicht gesättigt, besonders der asiatisch-pazifische Raum und der Mittlere Osten stellen mit erwarteten Zuwachsraten von 20 bis 35 Prozent in den nächsten fünf Jahren das größte erwartete Umsatzpotenzial dar.
- Obwohl der Vertrieb von Luxusmode im Internet im Vergleich zum stationären Handel derzeit noch eine untergeordnete Rolle spielt, lassen die aktuellen Wachstumszahlen erwarten, dass E-Shops sich auch im Segment der Luxusmode mittel- bis langfristig zu einem gleichberechtigten Verkaufskanal entwickeln.
- Generell lassen sich zwei Typen von Luxusmodekonsumenten bestimmen: klassische Luxuskonsumenten, deren Kaufprozess eher emotional als rational oder nach Kosten-Nutzen-Orientierung ver-

---

61 Kapferer, J.-N. (2001): *Luxusmarken*, S.363 in: Esch, F.-R. (Hrsg.): Moderne Markenführung
62 Vgl. Wißmeier, U.-K. (1991): *Strategische Entscheidungen im internationalen Mode-Marketing*, in: Hermanns, A. / Schmitt, W. / Wißmeier, U.-K. (Hrsg.): Handbuch Mode-Marketing, S. 563

läuft und die eine hohe Bindung zur Marke besitzen, sowie hybride Konsumenten (Smart-Shopper), die nach Preisvorteilen in hoher Qualität suchen und weniger Markenloyalität besitzen.

▶ Sowohl klassische Luxuskonsumenten als auch hybride Konsumenten nutzen das Internet sehr intensiv und suchen hier konkret nach Informationen zu ihren präferierten Marken. Die Corporate Website des Herstellers stellt dabei die wichtigste Informationsquelle für sie dar.

▶ Im Gegensatz zu vielen Marken leben Luxuskonsumenten schon längst den Multi-Channel-Ansatz: offline (stationär) informieren, online kaufen und umgekehrt.

▶ Internetnutzer, die sich in der Informationsphase befinden, besitzen in vielen Fällen bereits ein konkretes (Kauf-)Bedürfnis. Treffen sie in diesem geeigneten Moment auf den E-Shop des Herstellers, fallen Nachfrage und Angebot zusammen, und es bieten sich gute Möglichkeiten, einen Kaufabschluss herbeizuführen.

4. E-Shop als Verkaufskanal für Luxusmode

4.1 S.W.O.T.-Analyse

Eine wesentliche Aufgabe der strategischen Planung ist die **Festlegung strategischer Geschäftsfelder**. Ein strategisches Geschäftsfeld (SGF) ist das marktbezogene Betätigungsfeld einer Unternehmung, also die gedankliche Eingrenzung eines Absatzmarktes, der mit entsprechenden Maßnahmen und Strategien bearbeitet werden soll.[1] Der Verkauf von Luxusmode im Internet an private Endverbraucher über einen E-Shop stellt ein solches SGF dar und soll im nachfolgenden Abschnitt mit Hilfe einer S.W.O.T.-Analyse auf sein **Potenzial** hin untersucht werden.

Tabelle 4.1   Stärken des Verkaufs von Luxusmode über einen E-Shop

Ubiquität & Convenience: E-Shops sind für Konsumenten von Luxusmode global und jederzeit über das Internet erreichbar.

Ein E-Shop bietet strategisch ein **attraktiveres Kosten- und Umsatzverhältnis** als ein stationärer Store. Nachdem ein gewisses Investment geleistet wurde, kann der Umsatz mit unterproportionalen Mehrkosten gesteigert werden.

Im Gegensatz zum stationären Handel existiert **keine Regalplatzknappheit** oder Limitierung, die den physischen Besucherstrom betrifft. E-Shops besitzen eine **hohe Skalierbarkeit**. Theoretisch lassen sich unendlich viele Produkte sämtlicher Kategorien präsentieren.

Eindämmung von Produktpiraterie im Internet: E-Shops bieten die Möglichkeit, **erste Anlaufstelle des virtuellen Modekaufs** zu werden und vermeiden so Unsicherheit über die Echtheit der Produkte, da nur der Hersteller selbst bzw. autorisierte Drittanbieter die Ware vertreiben dürfen.

---

1 Vgl. Schröder, H. (2005): *Multchannel-Retailing*, S. 15 f.

Neue Technologien ermöglichen das Aufspüren nicht-lizensierter Transaktionen, die das urheberrechtlich geschützte Fotomaterial des Herstellers verwenden. Beispielhaft soll die Watermarking-Technologie „Photopatrol" erwähnt werden, die Bilder durch eine unsichtbare Markierung vor einem unberechtigten Fotoklau durch Dritte bewahrt.

Im Gegensatz zu klassischen Medien ermöglicht das **interaktive Internet** die Sammlung und Analyse kundenrelevanter Informationen, den Dialog in Echtzeit und die differenziertere Behandlung von Kunden.[2] So ermöglichen E-Shops eine **Intensivierung der Kundenbeziehungen** und sind dadurch ein wesentlicher Faktor der **Kundenbindung**.

Ein E-Shop kann **schneller als der stationäre Verkauf** an sich verändernde Umwelteinflüsse angepasst werden.

Tabelle 4.2   Schwächen des Verkaufs von Luxusmode über einen E-Shop

Das Führen der Marke über verschiedene Absatzkanäle verursacht zusätzliche **Koordinationsaufwendungen**.

Der Aufbau und die konstante Pflege eines international zugänglichen E-Shops stellen einen **Kostenfaktor** für die betreibenden Unternehmen dar. Insbesondere der Aufbau eines Vertriebs- und Logistiknetzes sowie das Debitoren-, Service- und Retourenmanagement sind sehr kostenintensiv.

Die **Umsätze**, die durch den Verkauf von Mode und Bekleidung im Internet erzielt werden, sind an den stationären Ergebnissen gemessen **noch sehr gering**.

Schwächen im sinnlichen Einkaufserlebnis: Die technischen Voraussetzungen unterstützen die sinnliche Wahrnehmung der Mode im Internet durch den Kunden noch nicht vollständig. So können zum Beispiel exakte Farben am Computer nicht wiedergegeben werden. Eine mangelnde Haptik verhindert das Fühlen bestimmter Materialien. Dabei spielt besonders die Sensibilität in Bezug auf die hohe Ästhetik und Qualität von Luxusmode eine wichtige Rolle.

Das **persönliche und soziale Einkaufserlebnis** des stationären Handels fehlt und die Beratungsqualität lässt sich digital noch nicht umfassend darstellen.

---

2   Esch, F.-R. u.a. (2001): *Markenkommunikation im Internet*, S. 591 in: Esch, F.-R. (Hrsg.): Moderne Markenführung

Tabelle 4.3   Chancen des Verkaufs von Luxusmode über einen E-Shop

Der **Handel von Mode/Textil** über das Internet gewinnt zunehmend an Bedeutung und besitzt ein **hohes Wachstumspotenzial**.

Die **Zielgruppe ist sehr online-affin** und nutzt das Internet intensiv für die Informationssuche und Recherche über Luxusmode. Dabei gilt die Corporate Website der Marke als erste Informationsquelle.

Studien zeigen, dass über ein Drittel aller Luxuskonsumenten einen **E-Shop auf Luxusmarken-Websites** wünschen.[3]

Durch den **erhöhten Distributionsgrad** ist es möglich, die Gewinnschwelle schneller zu erreichen, da überwiegend konstante Fixkosten durch höhere Umsätze schneller kompensiert werden können.

Neue **Technologien** ermöglichen eine verbesserte sinnliche Darstellung der Produkte.

Luxusmarken genießen einen **Vertrauensvorsprung** gegenüber anderen Marken. Dieser kann den Vertrauensmangel gegenüber dem Medium Internet kompensieren.[4]

E-Shops bieten die Möglichkeit, den Rhythmus der **Kollektionsplanung** neu zu definieren oder bestimmte Artikel besonders hervorzuheben.

E-Shops kommen den Kunden entgegen, die sich in **stationärer Atmosphäre unwohl** fühlen oder aufgrund ihrer beruflichen Tätigkeit nur wenig Zeit zum stationären Mode-Shopping besitzen.

E-Shops bieten die Möglichkeit, im Zuge einer Expansionspolitik **neue Märkte zu erschließen und bestehende Marktpositionen zu festigen** sowie die **Brand Awareness** und **Markenbindung** innerhalb der Zielgruppe weiter zu steigern.

Die Ausnutzung von **Verbundwirkungen** zwischen stationärem Handel und E-Shop (z.B. stationär informieren und online kaufen) wird ermöglicht. So stellt das Ausschöpfen bestehender **Cross-Selling-Potenziale** zur Generierung kanalübergreifender Zusatz- und Wiederholungskäufe eine bedeutende Chance dar.

---

3   Vgl. Welt Online / Plan.Net Agenturgruppe [Hrsg.] (2007): *Luxusmarken im Netz – Das Wissen um den Wert des Besonderen*, S. 25

4   Vgl. Esch, F.-R. u.a. (2001): *Markenkommunikation im Internet*, S. 567 in: Esch, F.-R. (Hrsg.): Moderne Markenführung

Tabelle 4.4   Risiken des Verkaufs von Luxusmode über einen E-Shop

Eine Markterweiterung führt zu **neuen Wettbewerbern**.[5]

Gefahr **negativer Effekte auf das Markenimage**, da die Markenkontrolle im Internet am geringsten ist.[6]

Der erhöhte Distributionsgrad kann dazu führen, dass bestimmte Konsumentengruppen die **Exklusivität der Marke gefährdet** sehen und sich abwenden (siehe „Snob-Effekt" Abschnitt 3.3.1).

Eine steigende Anzahl von Vertriebskanälen hat zur Folge, dass die **Komplexität** in der Distribution zunimmt, was sich negativ auf die **Wirtschaftlichkeit** auswirken kann.

Eintreten von **Kannibalisierungseffekten** und **Schaffung unternehmensinterner Konkurrenz**.[7] So kann es zu einer **Umverteilung des Verkaufsvolumen** zu Lasten bestehender Kanäle kommen, wenn der stationäre Shop weniger Umsatz bei gleich bleibenden Kosten erzielt.

Mode besitzt aufgrund ihrer geringen Digitalisierbarkeit **nur eine mittlere Eignung für den Online-Verkauf**.[8]

E-Shops können Opfer von **Hackerangriffen** auf die Kundendaten werden.

Der „Dot-Com-Crash" der späten 90er und frühen 2000er Jahre führte zu **Unsicherheiten bei (unbekannten) Bezahlmethoden** im Internet.[9]

Die **Erwartungen des Konsumenten an den E-Shop werden nicht erfüllt** und führen so zu einem negativen Eindruck der gesamten Marke.[10]

---

5   Vgl. Ansoff, H.I. (1966): *Management Strategie*, S. 132
6   Vgl. Lasslop, I. (2002): *Identitätsorientierte Markenführung bei Luxusprodukten*, S. 344 ff., in: Meffert, H. / Burmann, C. / Koers, M. (Hrsg.): Markenmanagement
7   Vgl. Hansen, H.R. / Madlberger, M.: *Beziehungen zwischen dem Internetvertrieb und anderen Absatzwegen im Einzelhandel*, S. 779, in: Wirtz, B.W. (Hrsg.): Handbuch Multi-Channel-Marketing
8   Vgl. Bliemel, F. / Fassott, G. (2000): *Produktpolitik mit E-Share,* S. 193, in: Bliemel, F. / Fassott, G. / Theobald, A. (Hrsg.): Electronic Commerce
9   Vgl. Okonkwo, U. (2007): *Luxury Fashion Branding*, S. 187
10 Vgl. z.B. ebenda, S. 185; Wirtz, B.W. (2008): *Multi-Channel-Marketing*, S. 75

4.2 Umsetzungsstrategien für E-Shops

Im Anschluss an die S.W.O.T.-Analyse sollen im folgenden Abschnitt verschiedene Umsetzungsstrategien für den Verkauf von Luxusmode im Internet über E-Shops dargestellt und ihre Vor- und Nachteile diskutiert werden.

Durch eine angemessene Strategie will sich ein Unternehmen am Markt profilieren und seinen Fortbestand sichern.[11] Hersteller von Luxusmode stehen bei der Festlegung vor dem **Entscheidungsproblem**, aus einer Menge potenzieller Umsetzungsstrategien eine spezifische Alternative auszuwählen, die dem Unternehmen eine möglichst erfolgversprechende Wettbewerbsposition bietet. Selbst wenn nur wenige Umsetzungsmöglichkeiten zu beurteilen sind, ist das Unternehmen in der Auswahlsituation mit einer Vielzahl von entscheidungsrelevanten Informationen konfrontiert.

Die Entscheidung, einen E-Shop als zusätzlichen Verkaufskanal zu nutzen, steht in direktem Zusammenhang zu der Unternehmensphilosophie und daraus abgeleiteten strategischen Zielen. Sie kann daher nur individuell, niemals aber pauschal getroffen werden.

Um Hersteller von Luxusmode bei der Entscheidungsfindung für eine E-Shop-Strategie zu unterstützen, sollen im Folgenden **drei grundsätzliche Umsetzungsstrategien** für den Retail von Luxusmode über einen E-Shop beschrieben werden, die sich auf jeweils unterschiedliche Kernzielgruppen fokussieren:

▶ ein **eigener, markenbezogener E-Shop**, der zum Beispiel in die bestehende Webpräsenz eingebunden wird und sich vornehmlich an klassische Luxuskonsumenten richtet,

▶ **Vertriebskooperationen mit Multibrand-Online-Retailern**, die klassische Luxuskonsumenten und hybride Konsumenten in etwa gleichstark fokussieren, und

▶ Buying-Communities und Shopping-Clubs als **digitales Outlet**, die sich gezielt auf hybride Konsumenten konzentrieren.

---

11 Vgl. Schröder, H. (2005): *Multichannel-Retailing,* S. 15 f.

Abbildung 4.1   Umsetzungsstrategien für E-Shops

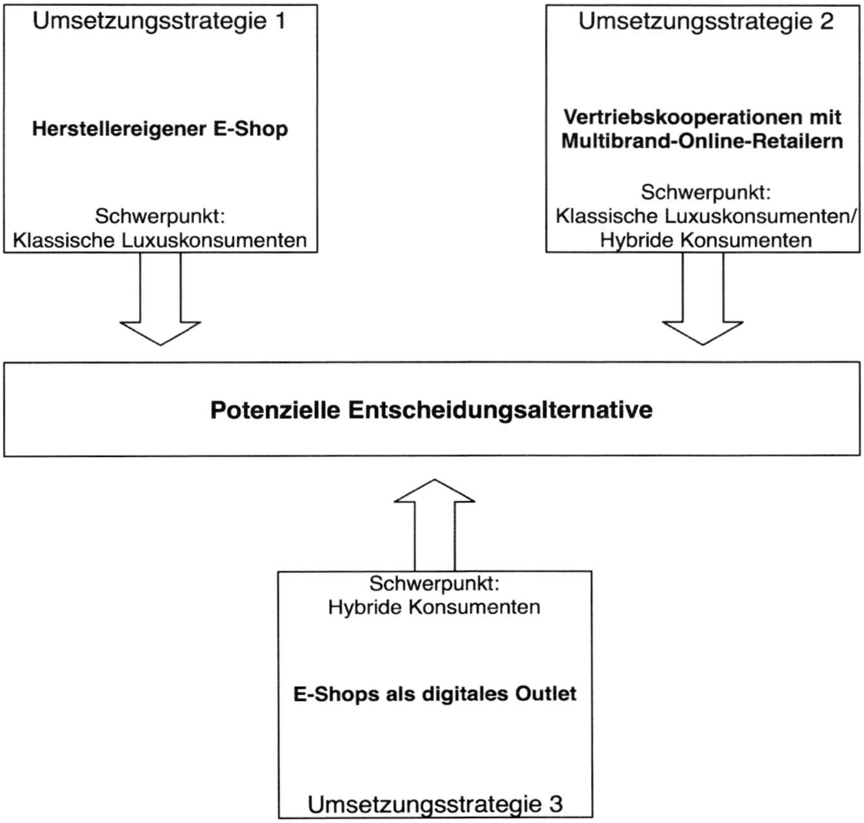

```
┌─────────────────────────────┐        ┌─────────────────────────────┐
│   Umsetzungsstrategie 1     │        │   Umsetzungsstrategie 2     │
│                             │        │                             │
│   Herstellereigener E-Shop  │        │  Vertriebskooperationen mit │
│                             │        │   Multibrand-Online-Retailern│
│        Schwerpunkt:         │        │        Schwerpunkt:         │
│  Klassische Luxuskonsumenten│        │ Klassische Luxuskonsumenten/│
│                             │        │    Hybride Konsumenten      │
└──────────────┬──────────────┘        └──────────────┬──────────────┘
               ▼                                      ▼
┌─────────────────────────────────────────────────────────────────────┐
│              Potenzielle Entscheidungsalternative                   │
└─────────────────────────────────────────────────────────────────────┘
                              ▲
              ┌───────────────┴─────────────┐
              │        Schwerpunkt:         │
              │     Hybride Konsumenten     │
              │                             │
              │  E-Shops als digitales Outlet│
              │                             │
              │   Umsetzungsstrategie 3     │
              └─────────────────────────────┘
```

Quelle: eigene Darstellung

Weiterhin denkbar ist selbstverständlich ebenfalls eine kombinierte Expertise der Optionen. Auf diese Weise kann eine höhere Marktabdeckung erzielt und das Absatzpotenzial vergrößert werden.

4.2.1 Umsetzungsstrategie 1: Herstellereigener E-Shop

Trifft das Management die Entscheidung, einen eigenen E-Shop zu launchen, stellt sich zunächst die Frage, wie dieser in die Vertriebsstrategie des Herstellers integriert und positioniert werden soll.

Die unter dem Aspekt der Markenführung höchste Priorität kommt dem eigenbetriebenen stationären **Flagship-Store** zu, der das komplette Sortiment der unter der Marke vertriebenen Produkte anbietet und oft selbst zum luxuriösen Image der Marke beiträgt.[12] In den oftmals **franchise-betriebenen Verkaufsstätten** werden ebenfalls ausschließlich Produkte der eigenen Luxusmarke verkauft. Hauptanliegen ist die internationale Ausdehnung der Luxusmarke unter Sicherstellung der Markenphilosophie, mit der die gehobenen, aber nicht Spitzenzielgruppen der Marke angesprochen werden sollen.[13] **Fachhändler, Duty-Free-Shops und gehobene Warenhäuser** bedienen breitere Massensegmente. Hier werden meist nur weniger exklusive und teure Sortimentsbausteine angeboten, da die negativen Einflüsse auf das Markenimage hier am höchsten sind, weil die Marke in einem weniger kontrollierten Wettbewerbsumfeld angeboten wird.[14]

Um die Exklusivität der Flagship-Stores zu wahren, die sich nicht nur durch ihr Sortiment, sondern meist auch durch ihre Architektur, geografische Lage und Einkaufsatmosphäre auszeichnen, bietet es sich an, den eigenen **E-Shop auf dem Level eines Monobrand-Store** zu führen, der sich an klassischen Luxuskonsumenten als primäre Kernzielgruppe orientiert.

Aus strategischer Sicht sollte der eigene E-Shop jedoch nicht isoliert betrachtet, sondern als elementarer Bestandteil eines **Multi-Channel-Konzepts** in die gesamte Vertriebsstrategie des Herstellers integriert werden. Offline- und Online-Kanäle des Herstellers müssen als gleichberechtigte Konzepte behandelt und crossmedial miteinander vernetzt werden, da sich auf diese Weise die jeweiligen Vorteile des stationären und virtuellen Handels synergetisch miteinander kombinieren lassen und dem Konsumenten in beiden Verkaufskanälen ein konsistentes Einkaufserlebnis geliefert wird.

---

12 Lasslop, I. (2002): *Identitätsorientierte Führung von Luxusmarken*, S. 344, in: Meffert, H. / Burmann, C. / Koers, M. (Hrsg.): Markenmanagement
13 Vgl. ebenda
14 Vgl. ebenda

Abbildung 4.2   Positionierung eines eigenen E-Shops

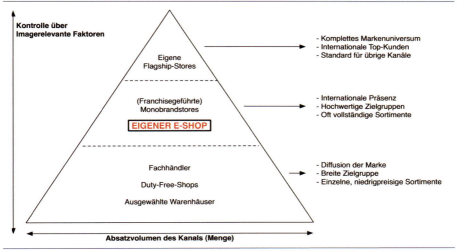

Quelle: eigene Darstellung, in Anlehnung an: Nueno, J. / Quelch, J. (1998): The Mass Marketing of Luxury, in: Business Horizons, 11/12 1998, S. 66, zitiert nach: Lasslop, I. (2002)

Informationsdefizite bezüglich der Markenführung im Internet, technische Restriktionen in der Darstellung von Mode oder Bedenken, dass die Marke durch einen Online-Verkauf zu breit präsent ist und dadurch an Markenwert verliert, aber auch Unwissenheit in Aufbau und Umsetzung eines konsistenten Multi-Channel-Konzeptes stellen Gründe der Hersteller dar, weshalb diese Strategie im Segment der Luxusmode noch nicht umfassend umgesetzt wird und bislang nur die Minderheit einen eigenen E-Shop besitzt.

Der britische Luxusmodehersteller Burberry und Valentino aus Italien zählen zu den Unternehmen, die in ihrem E-Shop neben Accessoires auch Mode anbieten und einen internationalen Zugriff gestatten. Andere Hersteller wie Bottega Veneta, Oscar de la Renta oder Salvatore Ferragamo beschränken sich derzeit nur auf den US-Markt. Allerdings ist abzusehen, dass auch diese Anbieter sich bedingt durch die dynamische Entwicklung des E-Commerce kurz- bis mittelfristig einem internationalen Publikum öffnen werden.

Abbildung 4.3   E-Shop Burberry

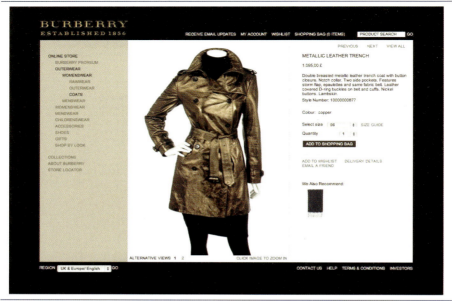

Quelle: Burberry: http://uk.burberry.com, Zugriff am 24.10.2008

Der besondere Vorteil eines eigenen E-Shops ist darin zu sehen, dass der Hersteller die **alleinige Verantwortung** für die Präsentation der Waren und die Shop-Gestaltung besitzt und so ein angemessenes Markenerlebnis schaffen kann. Steuert der Hersteller den Retail an den Endkunden selbst, besitzt er die **absolute Kontrolle** über die Preis-, Produkt-, Kommunikations- und Distributionspolitik. Auf diese Weise kann die Bildung eines grauen oder schwarzen Marktes durch Dritte eingeschränkt werden, und der Hersteller kann schneller und flexibler auf sich ändernde Umweltbedingungen eingehen. Gleichzeitig bieten sich **höhere Gewinne**, da der Handel als Absatzmittler ausgeschlossen wird. Bestehen zwischen Handel und Hersteller jedoch tiefergehende Verflechtungen oder sogar Abhängigkeiten, muss die Überlegung nach einem eigenen E-Shop aus Herstellersicht kritisch betrachtet und intensiv geprüft werden. Es drohen **Konflikte** mit dem Handel, der den Hersteller zum Beispiel bei späteren Orderterminen benachteiligen kann. Im schlimmsten Fall drohen dem Hersteller dadurch finanzielle Einbußen, die die zusätzlichen Umsätze durch den E-Shop übersteigen. Betrachtet man die Entwicklung des E-Commerce und dabei besonders den Bereich der Mode, ist allerdings davon auszugehen, dass Hersteller mittel- bis langfristig einen eigenen E-Shop launchen sollten, um im Kampf um Marktanteile und neue Zielgruppen konkurrenzfähig zu bleiben.

Ein eigener E-Shop bietet die Möglichkeit, die **Cross-Selling-Rate** zu erhöhen. Er muss eng mit dem herstellereigenen stationären Retail verknüpft werden, um bestehende Synergien ausnutzen. Durch den Einsatz interaktiver und sozialer Elemente kann die Zielgruppe direkt angesprochen und die **Markenbindung** verstärkt werden. Werden die Kundenanforderungen an den E-Shop erfüllt, führt dies zu **positiven Ausstrahlungseffekten** auf die gesamte Marke und kann daher auch den stationären Handel beflügeln.

Allerdings soll diese Strategie auch kritisch hinterfragt werden: Neben der Gefahr durch Konflikte mit dem Handel ist die Implementierung eines international erreichbaren E-Shops mit **Bereitstellungs- und Pflegeaufwänden** verbunden. So müssten beispielsweise eine IT-Plattform geschaffen, die Anbindung an die Warenwirtschaft geplant, Zahlungssysteme ausgewählt und das Logistik- und Debitorenmanagement abgeklärt werden. Hinzu kommen möglicherweise ein Customer-Care-Service, der Aufwand im Produktmanagement durch Fotos, Videos und Texte, die eventuell sogar in mehreren Sprachen angelegt werden müssen, sowie Kosten für die Vermarktung des E-Shops. Nicht zuletzt müssen strategische Fragestellungen, wie zum Beispiel die Kollektionsplanung oder die Launchstrategie, geklärt werden. All dies erfordert ein gewisses Set-up an Aufwand. Da viele Hersteller im Bereich des E-Commerce **Informationsdefizite** aufweisen, müssen diese Kompetenzen extern erworben werden. Meist werden Agenturen mit der Umsetzung einer geeigneten E-Shop-Lösung beauftragt. Je nach Anforderungen können die Abstimmungen zwischen dem Unternehmen und der Agentur von der Entwicklung bis zum Launch nicht nur kosten-, sondern auch **zeitintensiv** sein und über mehrere Monate andauern. Ist der Basiskostensatz allerdings einmal erfüllt, lassen sich viele Einstellungen skalieren, ohne weitere Kosten zu erzeugen. So ergeben sich ab einer bestimmten Größe attraktive Margen.

Abbildung 4.4 Kosten und Investitionen eines E-Shops (Auswahl)

Kosten und Investitionen vor dem Launch:

- Agenturkosten (falls extern beauftragt)
- Kosten für weitere Dienstleister
- E-Shop-Konzeption (Erstellung von Rastern, Funktionsabläufen...)
- E-Shop-Design (Erstellen einer weboptimierten Designlinie)
- Auswahl eines geeigneten Shopsystems
- Auswahl/Umstellung der Warenwirtschaft
- Personalkosten
- IT-Kosten (Server, Hardware)
- Contenterstellung (Bilder/Texte)
 (evtl. weitere Kosten durch zusätzliche Sprachübersetzungen)
- Digitale Fotografie (Buchung von Fotostudio, Fotograf, Modellen, Lizenzen...)
- Anbindung an diverse Schnittstellen (Warenwirtschaft, Logistik, Debitoren...)
- Mietkosten für einen weiteren Lagerraum
- Versand- und Retourenmanagement

Kosten und Investitionen nach dem Launch:

- Performancemessung/Controlling
- Marketing- und Kommunikation
- Contentpflege (Pflege des bestehenden Bestands, Betextung neuer Waren)
- Digitale Fotografie (Bilder / Videos für neue Waren)
- Erweiterung der Funktionen
- Designanpassungen
- Kosten durch Retouren
- Customer Service
- Serverhosting

Quelle: eigene Darstellung

Die folgende Tabelle stellt die westlichen Vor- und Nachteile der Strategie eines eigenen E-Shops dar.

Tabelle 4.5   Bewertung Herstellereigener E-Shop

Umsetzungsstrategie 1: Herstellereigener E-Shop

Pro	Contra
▶ Absolute Kontrolle über Preis-, Produkt-, Kommunikations- und Distributionspolitik	▶ Kosten (Auswahl): – Bereitstellungskosten – Betriebskosten (u.a. Servicekräfte, Contentpflege, Serverhosting) – Lager-, Transportkosten – Kommunikations- und Marketingkosten – Aufbau eines B2C-Logistik- und Vertriebsnetzes
▶ Volle Verantwortung und Kontrolle über die Präsentation der Waren und die Shopgestaltung	
▶ Verringerung der Abhängigkeit zum Handel	
▶ Höhere Gewinne sind möglich, da der Handel als Absatzmittler ausgeschlossen wird	▶ Informationsdefizite im Bereich E-Commerce müssen ausgeglichen werden
▶ Nach der Basiskonfiguration lässt sich ein E-Shop einfach skalieren und verspricht so ab einer bestimmten Größe hohe Margen	▶ Lange Entwicklungszeit möglich
	▶ Konfliktpotenzial: Beziehungen zum Handel können negativ beeinflusst werden
▶ Positive Ausstrahlungseffekte auf die Marke	▶ Strategische Fragestellungen bezüglich Kollektionsplanung und Lagerhaltung
▶ Stärkung der Kundenbindung durch Präsenz und Interaktion	
▶ Hohes Cross-Selling-Potenzial	
▶ Synergieeffekte online/offline durch Multi-Channel-Ansatz	

4.2.2   Umsetzungsstrategie 2: Vertriebskooperationen

Nachdem der britische E-Retailer für Designermode Boo.com im Mai 2000 Insolvenz anmelden musste, existieren inzwischen wieder zahlreiche Unternehmen, die dieses Geschäftsmodell verfolgen und das Internet als ausschließlichen Verkaufskanal für Mode nutzen. Beispielhaft ist hier Yoox.com als Unternehmung der italienischen YOOX-Gruppe zu nennen. Die im Jahr 2000 als E-Retailer gestartete YOOX-Gruppe organisiert inzwischen auch den Online-Auftritt einzelner Luxusmodemarken. Hersteller überlassen YOOX ihren Namen, ihre Domain, ihre Kundenkartei und ihre gesamte Online-Identität. Dafür übernimmt YOOX die Organisation der gesamten Wertschöpfungskette. Von der Gestaltung und Programmierung des E-Shops mitsamt der Kundenpflege bis hin zur Verpackung und Logistik. Im Jahr 2008 hat die YOOX-Gruppe mit dem E-Shop Yoox.com, dem E-Department-Store thecorner.com und den Monomarken-Stores „powered by YOOX" (u.a. Valentino, Marni, Emporio Armani, Emilio Pucci, Jil Sander) ca. 130 Millionen Euro umgesetzt.[15] Dies entspricht einer Steigerung von annähernd 40 Prozent im Vergleich zum Jahr 2007. Wie hoch der Umsatz der Monomarken-Stores im Einzelnen allerdings genau ist, lässt sich nicht aufschlüsseln. Im Laufe der nächsten drei bis fünf Jahre strebt YOOX an, auf diesem Weg rund ein Drittel aller Umsätze zu erwirtschaften.[16]

Eine Vertriebskooperation mit einem Multibrand-Online-Retailer stellt eine alternative oder zusätzliche Option für Hersteller dar und richtet sich sowohl an klassische Luxuskonsumenten als auch an hybride Konsumenten. Die **Auswahl eines geeigneten Kooperationspartners** für den Vertrieb von Luxusmode sollte kritisch geprüft werden, um zum Beispiel einen negativen Imagetransfer auf die eigene Marke zu vermeiden. Die Verwässerung des exklusiven Images einer Luxusmarke setzt in der Regel dann ein, wenn diese nicht mehr in der Lage ist, ihre Kunden nicht mehr vor den Nicht-Kunden zu schützen.[17]

---

15 Vgl. Textilwirtschaft, Nr. 3, 15. Januar 2009, S. 46
16 Vgl. ebenda
17 Kapferer, J.-N. (2001): *Luxusmarken*, S. 356 in: Esch, F.-R. (Hrsg.): Moderne Markenführung

Abbildung 4.5   E-Shop Marni by YOOX

Quelle: Marni: http://www.marni.com, Zugriff am 29.09.2009

Bei der Auswahl eines geeigneten Kooperationspartners sollten Hersteller daher folgende Dimensionen berücksichtigen:

▶ **Vergleichbare Geschäftslogik:** Die jeweiligen Kernkompetenzen des Herstellers und des gewählten Kooperationspartners müssen sich sinnvoll ergänzen. So sollte der Kooperationspartner eine Beratungskompetenz im Bereich des E-Commerce besitzen und signifikante Erfahrungen im digitalen Umgang mit Luxusmode vorweisen, um erfolgreiche Partnerkompetenzen aufbauen zu können. Wie im stationären Bereich kommen für eine Online-Retail-Kooperation nur jene Partner in Frage, die die Vertriebsstrategie des Herstellers komplementär ergänzen. Unterscheidet sich die Geschäftslogik des Herstellers wesentlich von der des möglichen Kooperationspartners, birgt dies ein erhöhtes Konfliktpotenzial. Partnerschaften, die sich aus Gelegenheiten oder aufgrund des Wettbewerbs ergeben, sollten kritisch geprüft werden.

- **Umsatzentwicklung:** Eine positive Umsatzentwicklung kann als Indikator für die Verkaufsstärke des Kooperationspartners verwendet werden und senkt das Risiko des Herstellers, das angestrebte Verkaufsvolumen zu verfehlen.
- **Ansehen:** Das Image des Kooperationspartners wirkt sich ebenfalls auf das Image des Herstellers aus. Um einen negativen Spill-Over-Effekt zu vermeiden, sollte die Reputation des Retailpartners innerhalb der Zielgruppe geprüft werden.
- **Konditionspolitik:** Der Markt der Luxusmode unterliegt dynamischen Entwicklungen. Es ist daher notwendig, dass der gewählte Kooperationspartner in spezifischen Fragestellungen der Konditionspolitik wie Rabatten oder Kostensenkungen mit dem Hersteller übereinstimmt.
- **Geeignete Sortimentsstruktur und Marktabdeckung:** Die Sortimentsstruktur des Kooperationspartners sollte mit der des Herstellers kompatibel sein. Es ist wichtig zu prüfen, ob das Sortiment ausreichend Attraktivität besitzt, die gleiche Zielgruppe anzusprechen. Eine hohe zielgruppenspezifische Marktabdeckung ist einer hohen geografischen Abdeckung vorzuziehen.

Chloé verfügt über mehrere Kooperationspartner und weist diese auf der Corporate Website explizit aus.

Abbildung 4.6   Chloé digitale Kooperationspartner

Quelle: Chloé: http://www.chloe.com, Zugriff am 30.09.2009

Eine Vertriebskooperation mit einem Multibrand-Online-Retailer eignet sich insbesondere für Unternehmen, die über keinerlei oder kaum E-Commerce-Erfahrung verfügen und diese kurzfristig nicht in-house aufbauen möchten oder können. Die Kosten, die für eine Selektion verschiedener Dienstleister für den Launch eines eigenen E-Shops nach Handlungsstrategie 1 notwendig sind, werden hier vermieden. Gleichfalls kann diese Strategie aber auch für Hersteller interessant sein, die bereits über einen eigenen E-Shop verfügen und ihre Marktabdeckung zusätzlich auf weitere Zielgruppen ausweiten möchten, um ihr Absatzpotenzial zu vergrößern.

Der Verkauf von Luxusmode im Internet über einen einem Multibrand-Online-Retailer ist für den Hersteller in der Regel mit einer **verkürzten Time-to-Market-Phase** und **geringeren Kosten** verbunden, da hier auf eine bestehende Infrastruktur und ein funktionierendes Logistik- und Vertriebsnetz im B2C-Bereich zurückgegriffen werden kann. Neben dem **fachlichen Know-how** über geeignete Verkaufskonzepte existiert zudem meist bereits **ein fester Kundenstamm**.

Trotzdem soll diese Strategie aus Sicht der Luxusmodeunternehmen kritisch betrachtet werden. Ein Nachteil liegt in der **geringeren Einflussnahme** auf die Produkt-, Preis-, Distributions- und Kommunikationspolitik durch den Hersteller. Zudem müssen Hersteller einen Teil ihrer Umsätze an den Handel abgeben, da dieser als Absatzmittler zum Konsumenten dient. Die **Anzahl der Kontaktwege** ist geringer, da der Hersteller nur einen direkten Weg zum Händler besitzt, verbietet ihm gleichzeitig aber auch, intensive Kundenbindungen aufzubauen.[18]

Bei Multibrand-Stores liegt der **Fokus oftmals eher auf der Funktionalität des gesamten Angebots** als auf der entsprechenden Darstellung der einzelnen Marken. Das gleichzeitige Angebot von Massen-, Premium- und Luxusmarken kann sich langfristig negativ auf das Image der Luxusmarke auswirken. Dieser Effekt kann zusätzlich dadurch verstärkt werden, dass einige Online-Händler Luxusmode unter dem regulären Verkaufspreis anbieten und damit entgegen der Preisstrategie der jeweiligen Unternehmen handeln, die im Zuge ihrer Positionierung vereinzelt eine „No-Discount"-Politik verfolgen. Autorisierte Händler sollten daher kontrolliert werden, um eine selektive

---

18 Vgl. Wirtz, B.W. (2007): Multi-Channel-Marketing, S. 28 f.

Distribution zu gewährleisten und die Entstehung eines grauen Marktes zu unterbinden.[19] Verfügt der Hersteller bereits über einen eigenen E-Shop, sollte sich das Produktangebot des herstellereigenen E-Shops durch ein deutlich exklusiveres Sortiment differenzieren, um **Kannibalisierungseffekte** einzuschränken. Denkbar ist es zum Beispiel, Einstiegslinien über einen Multibrand-Online-Store zu vermarkten, während im eigenen E-Shop ausschließlich die exklusiveren Produktlinien angeboten werden.

Tabelle 4.6 stellt die wesentlichen Vor- und Nachteile dieser Strategie dar:

Tabelle 4.6 Bewertung Vertriebskooperation mit Multibrand-Online-Retailer

Umsetzungsstrategie 2: Kooperation mit Multibrand-Online-Retailer

Pro	Contra
▶ Ermöglicht „Testen" des Potenzials eines E-Shops	▶ Geringere Einflussnahme
▶ Verringerung der Kontaktwege zur Zielgruppe	▶ Mögliche Abhängigkeit vom Händler
▶ Kurzfristiges Eintrittsrisiko wird minimiert	▶ Hersteller nutzt exklusive Vertriebsposition negativ aus
▶ Erweiterung der Zielgruppe und somit Vergrößerung des Absatzpotenzials	▶ Langfristig negative Auswirkungen auf das Markenimage möglich
▶ Know-how, Infrastruktur und Kundennetz ist bereits vorhanden	▶ Kleidung besitzt keine Preisbindung; ungewollte „Discount"-Preise sind möglich
▶ Geringere Kosten als bei einem eigenen E-Shop	▶ Anbieterkonkurrenz: Luxusmarke ist „eine unter vielen"
▶ Verkürzte Time-to-Market-Phase	▶ Ausnutzen von Online-/Offline-Synergien ist geringer
▶ Vertriebs- und Logistiknetz ist bereits vorhanden	▶ Intensive Kundenpflege ist nicht möglich
	▶ Geringeres Cross-Selling-Potenzial der eigenen Marke

---

19 Vgl. Kisabaka, L. (2001): *Marketing für Luxusprodukte*, S. 244

Umsetzungsstrategie 2: Kooperation mit Multibrand-Online-Retailer

Pro	Contra
	▶ Kannibalisierung des eigenen stationären/digitalen Vertriebs
	▶ Vorteile liegen langfristig eher bei den Händlern, die ihre Wettbewerbsposition mit breitem und hochwertigem Markenportfolio schützen

4.2.3 Umsetzungsstrategie 3: E-Shops als digitales Outlet

Buying-Communities und Shopping-Clubs wie brands4friends, buyvip, Vente-Privee oder das Designer-Fashion-Outlet theoutnet.com werden inzwischen auch von Luxusmodeherstellern häufiger dazu genutzt, einer fashion-affinen Zielgruppe Vorjahreskollektionen und Restposten exklusiv und vergünstigt anzubieten. Hybride Konsumenten stellen somit die Kernzielgruppe dieser Strategie dar.

Die Option, den E-Shop des Drittanbieters als Outlet zu betrachten, sollte jedoch kritisch hinterfragt werden. Gerade im Bereich der Shopping-Clubs werden Luxusmarken oftmals in einem Umfeld von B- oder C-Marken präsentiert. Das **Raritätsprinzip** stellt ein wesentliches Element des Luxusgütermarkts dar[20] und wird durch eine künstliche Verknappung der Marke realisiert. Während eine steigende Nachfrage dazu verleitet, die Marktabdeckung zu erweitern, verliert eine Luxusmarke an Glanz, je mehr Verbreitung sie findet.[21] Daher muss die Verbreitung der Marke genau kontrolliert werden. Es darf nicht der Eindruck entstehen, dass Luxus verbilligt abgegeben wird.

---

20 Vgl. Dubois, B. / Paternault, C. (1995): Observations: *Understanding the world of international luxury brands: the „dream formula"*, in: Journal of Advertising Research, Vol. 35, Issue 4, July/August 1995, S. 69 ff.
21 Ebenda, S. 72

Abbildung 4.7   Online-Luxusmode-Outlet theoutnet.com

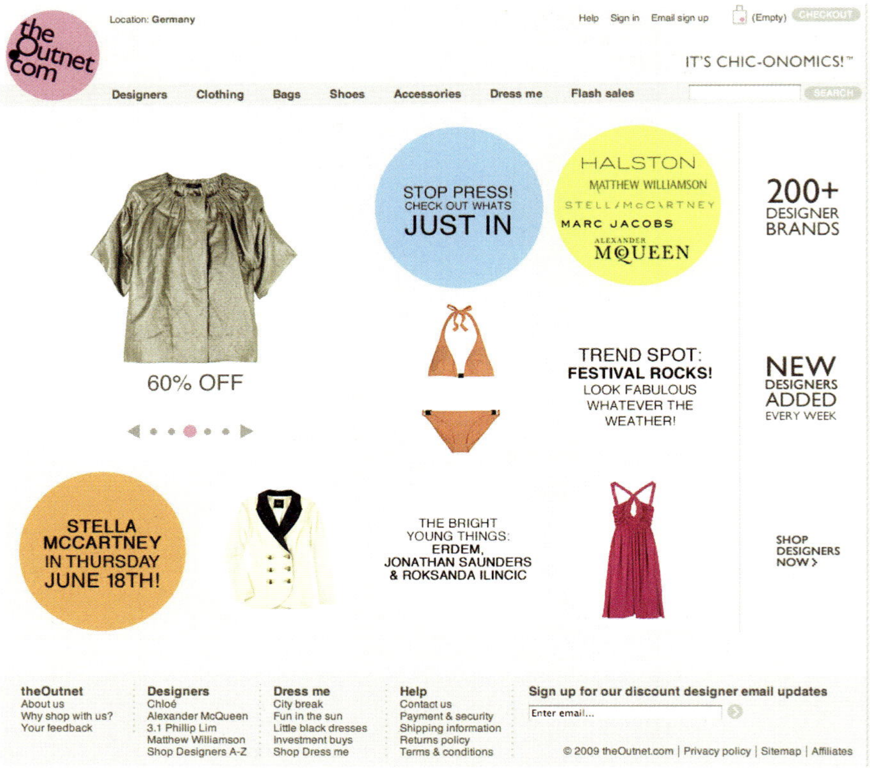

Quelle: The Outnet: https://www.theoutnet.com/, Zugriff am 14.06.2009

Preiskonsistenz ist ein weiterer wesentlicher Faktor, um die Demonstrationsfunktion des Produkts langfristig aufrechtzuerhalten.[22] Eine Discountstrategie könnte daher den wahrgenommenen Preisabstand zwischen Luxus- und Premiummode gefährden und sich negativ auf die Wahrnehmung der Marke auswirken. Shopping-Clubs und Buying-Communities sollten deshalb nicht für den Verkauf von Einstiegslinien verwendet werden. Dies soll jedoch nicht bedeuten, dass grundsätzlich gänzlich auf einen digitalen Sales-Bereich verzichtet werden soll. Vielmehr ist dieser so zu konzipieren, dass der Konsument nicht den Eindruck erhält, er befände sich auf einem „Ramschbasar". So arbeitet zum Beispiel Emilio Pucci in seiner Sale Area mit dezenten Streichpreisen und behält das charakteristische Look and Feel des Shops bei.

---

22 Vgl. Kisabaka, L. (2001): *Marketing für Luxusprodukte*, S. 260

Abbildung 4.8   E-Shop Emilio Pucci Sales-Bereich

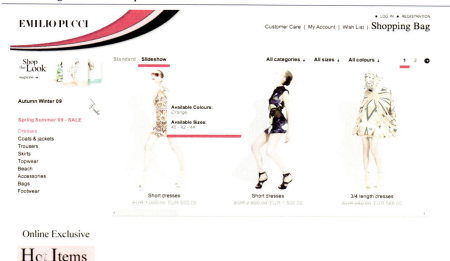

Quelle: Emilio Pucci: http://www.emiliopucci.com.com, Zugriff am 08.06.2009

Die Vor- und Nachteile der Strategie eines E-Shops als digitales Outlet werden in Tabelle 4.7 beschrieben.

Tabelle 4.7   Bewertung Kombinierte Expertise

Umsetzungsstrategie 3: Kombinierte Expertise	
Pro	**Contra**
▶ Höhere Marktabdeckung ▶ Steigerung der Markenbekanntheit ▶ Höheres Absatzpotenzial ▶ Eignet sich besonders für den Retail von Einstiegslinien und Restposten an die Zielgruppe hybrider Konsumenten	▶ Koordinations- und Kontrollaufwand der einzelnen Kanäle steigt ▶ Hohe Kosten und erhöhter Ressourceneinsatz ▶ Kannibalisierungseffekte sind möglich ▶ Die Zielgruppe unterliegt stark konjunkturellen Schwankungen ▶ Leichtere Erhältlichkeit der Marke wirkt sich negativ auf exklusives Image aus, die Marke kann ihren Reiz verlieren

4.3 Lessons Learned

- Die Luxusmodeindustrie ist eine global agierende Branche, die einen Großteil ihrer Umsätze auf internationalen Märkten erzielt. E-Shops bieten somit das Potenzial, eine weltweite Gruppe vermögender Konsumenten zu bedienen, die sehr internetaffin ist und nur wenig Zeit zum stationären Mode-Shopping hat oder in deren Nähe eine Unterversorgung mit Betrieben des stationären Einzelhandels besteht.
- Aus strategischer Sicht stellen E-Shops für Hersteller eine kostengünstige Möglichkeit dar, ihre Markenposition virtuell zu festigen, ihr Vertriebsnetz zu erweitern, neue Märkte zu erschließen und ihre Kollektionen einer globalen Zielgruppe zugänglich zu machen, um zusätzliche Umsätze zu erzielen.
- Verglichen mit den laufenden Kosten, die ein stationärer Store veranschlagt, wie Miete, Personal oder das Visual Merchandising, gestaltet sich der Betrieb eines E-Shops deutlich kostengünstiger. Typische stationäre Restriktionen des stationären Handels, wie beschränkte Öffnungszeiten oder eine Regalplatzknappheit, sind bei einem E-Shop ausgeschlossen.
- Zudem besteht die Möglichkeit, die Bildung eines grauen und schwarzen Marktes einzudämmen, da ein eigener oder der autorisierte E-Shop eines Drittanbieters das Risiko für Kunden, gefälschte Ware zu erwerben, ausschließt.
- Vorurteilen und Unsicherheiten gegenüber dem Medium Internet kann eine Luxusmarke mit ihrem besonderen Vertrauensvorsprung gegenüber anderen Marken begegnen.
- Da Luxusmode physischer Natur ist und deshalb nur eine geringe Digitalisierbarkeit aufweist, ist es erforderlich, die technologischen und visuellen Möglichkeiten des Mediums Internet voll auszuschöpfen, um das fehlende haptische und soziale Moment stationärer Stores auszugleichen und ein sinnliches Einkaufserlebnis zu schaffen. Gelingt es dabei, die besondere Ausstrahlung der Luxusmarke adäquat zu transportieren und darzustellen, lässt sich ein möglicher Snob-Effekt, der durch die Ubiquität des Mediums Internet auftreten kann, vermeiden.

- Entscheiden Hersteller sich dafür, einen E-Shop als zusätzlichen Verkaufskanal für Luxusmode zu implementieren, so ist dieser im Rahmen der strategischen Planung ebenso sorgfältig zu behandeln wie ein stationärer Store und muss dazu beitragen, das Spannungsfeld zwischen Bekanntheit und Begehrlichkeit der Marke aufrechtzuerhalten. Nur so lassen Kunden sich dauerhaft binden und neue Zielgruppen ansprechen.
- Um Synergien auszunutzen, sollten E-Shops niemals separat betrachtet, sondern in die Vertriebsstrategie integriert und crossmedial mit dem stationären Retail verbunden werden (Multi-Channel-Ansatz).
- Aus strategischer Sicht bietet ein eigener E-Shop, der wie ein Monobrand-Store geführt wird und damit insbesondere klassische Luxuskonsumenten anspricht, Herstellern die meisten Vorteile, verursachen allerdings auch die höchsten Kosten. Neben der Kontrolle sämtlicher strategischer Entscheidungen können Hersteller hier die höchsten Umsätze erzielen und ihr Cross-Selling-Potenzial umfassend optimieren.
- Dabei sollten E-Shops nicht als Substitution stationärer Stores, sondern vielmehr als ergänzender Kanal verstanden werden.
- Ein eigener E-Shop erfordert zusätzliche Ressourcen und liquide Mittel. Aus diesem Grund kann sich eine Vertriebskooperation mit einem Multibrand-Online-Retailer zunächst als sinnvoll erweisen, um das Potenzial des Online-Vertriebs der eigenen Modekollektion zunächst zu testen und größere finanzielle Risiken zu vermeiden. Händler übernehmen spezifische Aufgaben, für die Hersteller keine Erfahrungen oder Ressourcen besitzen und senken so das Eintrittsrisiko.
- Um den eigenen stationären bzw. digitalen Handel nicht zu kannibalisieren sollte nur eine selektive, weniger exklusive Produktauswahl über den E-Shop des Drittanbieters vertrieben werden. Aus strategischer Sicht bietet es sich an, diesen auf dem Level eines stationären Fachhändlers, Duty-Free-Shops oder ausgewählten Warenhauses zu behandeln, der sich sowohl an hybride Konsumenten als auch an klassische Luxuskonsumenten richtet.

- Der gewählte Kooperationspartner sollte dennoch über ein hochwertiges Sortiment verfügen, sich bezüglich der Preisgestaltung und der Präsentation der Marke als loyal und vertrauenswürdig erweisen und einen guten Kundenservice anbieten, um das Image der Herstellermarke durch Fremdverschulden nicht negativ zu gefährden.
- Shopping-Clubs und Buying-Communities eignen sich im Bereich der Luxusmode ausschließlich als digitales Outlet für Einstiegslinien der Marke oder Restposten und richten sich insbesondere an hybride Konsumenten. Das strategische Ziel, die Marke einer größeren Zielgruppe zugänglich zu machen, birgt das höchste Risiko eines Exklusivitätsverlusts der Marke und unterstellt den Absatz verstärkt der konjunkturellen Entwicklung.
- Durch die Preisgestaltung, Wartelisten oder eine künstliche Verknappung lässt sich der exklusive Markencharakter auch im Internet wahren.

5. Konzeption und Umsetzung eines E-Shops für Luxusmode

5.1 Allgemeine Herausforderungen

Im folgenden Kapitel sollen die wesentlichen steuerbaren und grundlegenden Faktoren, die einen E-Shop für Luxusmode aus Herstellersicht erfolgskritisch beeinflussen können, beschrieben werden. Ausgangspunkt ist der Wunsch des Herstellers, einen eigenen E-Shop zu betreiben. Die Ausführungen basieren auf der Auswertung von annähernd 50 E-Shops von Herstellern im Bereich der Luxusmode und werden durch Beispiele verschiedener Multibrand-Online-Retailer ergänzt. Dabei soll darauf hingewiesen werden, dass die Schnelllebigkeit die größte Gemeinsamkeit zwischen Internet und Mode darstellt. So werden sich viele der hier abgebildeten Shops sowohl optisch als auch funktional längst weiterentwickelt haben.

Die **wesentliche Herausforderung** in der Gestaltung und Umsetzung eines E-Shops für Luxusmode ist darin zu sehen, dass Konsumenten unter dem Hauptaspekt einer **einfachen Nutzbarkeit** auf der einen Seite **schnelle Ladezeiten** verlangen[1] und auf der anderen Seite ein **multisensorisches Einkaufserlebnis** in Form von Bildern und Videos wünschen, das die Darstellung der physischen Luxusmode unterstützt und der emotionalen Inszenierung der Marke dient.

Empirische Forschungen haben ergeben, dass die Einstellung gegenüber einem E-Shop primär durch die Einstellung gegenüber dem stationären Handel bzw. der Marke beeinflusst wird.[2] Die **positiven Erwartungen**, die durch stationäre Verkaufsmöglichkeiten beim Konsumenten geweckt werden, könnten demnach bei einer rein tech-

---

1 Vgl. Nielsen, J. (2001): *Designing Web Usability*, S. 42
2 Vgl. Blabanis, G. / Reynolds, N.-l. (2001): *Consumer Attitudes Towards Multi-Channel Retailers` Web Sites,* o.S., *in: Journal of Business Strategies 18:2, 2001,* zitiert nach: Hansen, H.R. / Madlberger, M. (2007): Beziehungen zwischen dem Internetvertrieb und anderen Absatzwegen im Einzelhandel, S. 777, in: Wirtz, B.W. (Hrsg.): Handbuch Multi-Channel-Marketing

nisch-funktionalen Umsetzung des E-Shops zu kognitiven Dissonanzen bei den Konsumenten führen, da diese eine adäquate Umsetzung der Markenidentität erwarten, die sich in das gesamte Markenbild eingliedert.

Ziel ist es, ein den Vorstellungen des Konsumenten entsprechendes **markenkonformes digitales Einkaufserlebnis** zu schaffen, das den Online-Kauf von Luxusmode erleichtert und gleichzeitig begeistert, um so die Unternehmensziele der Umsatz- und Gewinnsteigerung zu erfüllen und die exklusive Markenidentität zu bewahren.

5.1.1 Make or Buy

Für Shop-Betreiber stellt sich am Anfang der konzeptionellen Überlegungen die strategische Frage, welche Leistungen inhouse erstellt werden können und an welcher Stelle externe Dienstleister zum Einsatz kommen sollten oder sogar müssen. Da diese Entscheidung direkt in die operativen Abläufe eines E-Shops eingreift, die in der Regel höchst individuell gestaltet werden, kann keine pauschale Lösung genannt werden. Dennoch sollen an dieser Stelle einige Fulfilment-Dienstleister des deutschen Marktes vorgestellt werden, die aus Sicht der Autoren dazu geeignet sind, dem Hersteller in seinem Vorhaben, einen eignen E-Shop zu launchen, Unterstützung zu bieten.

Tabelle 5.1 Fulfilment-Dienstleister im Vergleich

Unternehmen	Angebote Fulfilment			
Hermes Warehousing Solutions http://www.hermes-ws.com/de/fulfilment.php	**Beschaffung** * Produktprüfungen * Frachtrahmenverträge * Importzollabwicklung * Beratung	**Warehousing** * Wareneingang * Qualitätsprüfung * Lagerung * Kommisionierung * Versand	**Distribution** * Zustellung: Montag bis Samstag, * Filialbelieferung * Reparaturservice	
Netrada (ehemals D+S Heycom) http://www.netrada.com/ (Netrada bietet gegenüber anderen Anbietern besonderes spezialisierte Leistungen im Fashion-Bereich)		**Logistics** (konkret auf Textilwaren ausgerichtet)	**Versand** * schnellstmögliche Zustellung * Auswahl des Zulieferers * Europaweit	
Arvato E-Commerce http://www.arvato-e-commerce.com/		**Lagerhaltung** * Kommissionierung * Verpackung	**Versand** * Track and Trace * Value-added-services	
Burda Direct http://www.burdadirect.com				

Tabelle 5.1 Fulfilment-Dienstleister im Vergleich (Fortsetzung)

Unternehmen	Angebote Fulfilment		
Hermes Warehousing Solutions http://www.hermes-ws.com/de/fulfilment.php	**Cross-Dock** (günstiges Zwischenlager für Wareneingänge von Schiffen und LKWs)	**Retourenmanagement** * Reklamation * Retoureneingang * Retourenbeurteilung * Entsorgung/Reparatur * Wiederverpackung * Wiedereinlagerung	**Web-Shop** (Konzeption und Umsetzung)
Netrada (ehemals D+S Heycom) http://www.netrada.com/ (Netrada bietet gegenüber anderen Anbietern besonderes spezialisierte Leistungen im Fashion-Bereich)		**Retourenmanagement** * einfacher Retourenprozess * mehrstufige Qualitätskontrolle * Betrugsabwehr	**Online-Shop** (Konzeption und Umsetzung)
Arvato E-Commerce http://www.arvato-e-commerce.com/		**Retourenmanagement**	**Web-Shop** (Konzeption und Umsetzung)
Burda Direct http://www.burdadirect.com			**Online-Shop** (Konzeption und Umsetzung)

Tabelle 5.1 Fulfilment-Dienstleister im Vergleich (Fortsetzung)

Unternehmen	Angebote Fulfilment		
Hermes Warehousing Solutions http://www.hermes-ws.com/de/fulfilment.php	**Zahlungsmanagement** **1) Debitorenmanagement** * Infomanagement * Payment-Risk-M'ment * Liquiditätsmanagement * Consulting * Inkassomanagement * Rechnungswesen **2) Zahlungsdienste** * Web-Payment * Online-Überweisung	**Callcenter** * Kundenbearbeitung * Up-Selling/Cross-Selling * Neukundengewinnung * Produktberatung/Technik- und Service-Hotlines * Telemarketingbasiertes Mahnwesen * Kundenrückgewinnung * Kundenzufriedenheitsanalysen	**Lettershop** * Laserprint * Konfektionierung * Heften * Personalisierung * Individualisierung * Portooptimierung * Maschinelles Mitkuvertieren von Warenproben * Adressmanagement * 3-D-Kuvertierung
Netrada (ehemals D+S Heycom) http://www.netrada.com/ (Netrada bietet gegenüber anderen Anbietern besonders spezialisierte Leistungen im Fashion-Bereich)	**1) Debitorenmanagement** * Festlegung von Kreditlimits * Blacklistmanagement * Inkassomanagement * Liquiditätsprüfungen * Retourengutschrift **2) Zahlungsdienste**	**Customer Service** (multilingual)	
Arvato E-Commerce http://www.arvato-e-commerce.com/	**1) Debitorenmanagement** * individueller Kontorahmen * Lettershop für Rechnungs- und Mahnwesen * Inkasso * Bonitätsprüfung * Blacklistmanagement * Adressprüfung * Sanktionslisten **2) Zahlungsdienst**	**Customer Service** * Inbound/ Outbound * Presales and Aftersales * National/ International * Telefon, Fax, Brief, E-Mail * Wissensdatenbank	
Burda Direct http://www.burdadirect.com		**Custumer Service** * Cross- und Upselling * Kundenservice * Call & Order Service * zeitnahe und qualifizierte Erfassung * Fulfilment & Finance * kundenspezifischer Service über alle Kommunikationswege * Leadsgenerierung & Kundenbefragungen * Clubbetreuung	

Tabelle 5.1   Fulfilment-Dienstleister im Vergleich (Fortsetzung)

Unternehmen	zusätzliche Angebote			
Hermes Warehousing Solutions http://www.hermes-ws.com/de/fulfilment.php	**Angebote:** spezielle E-Commerce und Multichannel Lösungen			
Netrada (ehemals D+S Heycom) http://www.netrada.com/ (Netrada bietet gegenüber anderen Anbietern besonders spezialisierte Leistungen im Fashion-Bereich)	**Digital Marketing** * Displaywerbung * Dialogmarketing * Suchmaschinenmarketing * Viral Marketing * Social Commerce * CRM	**Digitale Fotografie** * 360° Ansichten * Videoclips *Composing *Model-Casting und Booking *DRM (Digital Rights Management)		
Arvato E-Commerce http://www.arvato-e-commerce.com/	**(Online-) Marketing** * Suchmaschinenmarketing * Affiliate Marketing * E-Mail, Newsletter * Retailpromotions * Cross-Marketing * Mailings und Kataloge *CRM *Online Marktforschung	**Media** * Crossmediale Kommunikation durch Printangebote (GuJ) * TV Werbung (RTL Gruppe)	**Multichannel** * Retailchannel (rewards)	**Partnerprogramme** * Deutschlandcard * Webmiles
Burda Direct http://www.burdadirect.com	**Performance Marketing** * Suchmaschinenmarketing * Affiliate Marketing * E-Mail Marketing * Leadsmanagement *CRM	**klassische Medien**	**Dialogmarketing** * Abo Marketing * WBZ Business * Product Marketing * Kooperationsmarketing * Gewinnspiele * Telefonmehrwertdienste * Media Sales	**Social Commerce** * Community Marketing

5.1.2 Auswahl des geeigneten Shop-Systems

Eine der wichtigsten Entscheidungen, die bei der Umsetzung eines E-Shops zu treffen ist, ist die Auswahl einer geeigneten Shop-System-Lösung. Da die meisten Hersteller über ein Warenwirtschaftssystem verfügen, in dem auch der Lagerbestand des E-Shops gepflegt werden soll, ist es entscheidend, dass das Warenwirtschaftssystem mit dem Shop-System harmoniert. Je besser die beiden Systeme ineinander greifen, umso weniger Pflegeaufwand entsteht für den Hersteller. Leider sind viele Warenwirtschaftssysteme noch nicht optimal an die Anforderungen eines E-Shops angepasst, sodass der Hersteller mit einer „hybriden Lösung" konfrontiert wird: Ein Teil der Inhalte wird im Warenwirtschaftssystem gepflegt, der andere Teil der Inhalte im Shop-System.

Die Auswahl an Shop-Systemen ist riesig: Allein in Deutschland existieren mehr als 100 Anbieter von E-Commerce-Systemen, die sich in Leistungsvolumen und Anschaffungskosten deutlich voneinander unterscheiden.[3] Bei der Definition der Anforderungen an eine E-Commerce-Lösung sollten daher zunächst die gewünschten Funktionalitäten beschrieben werden. Je nach Anforderungen des Herstellers an seinen E-Shop bieten sich unterschiedliche Lösungen an.

Um Hersteller in dem Suchprozess nach einer geeigneten Software zu unterstützen, werden bestehende E-Shop-Lösungen in der folgenden Tabelle beschrieben und bewertet:

---

3   Vgl. Bitkom (2009): Praxisleitfaden E-Commerce, S. 29

Tabelle 5.2   Bewertung von E-Shop Lösungen

	Beschreibung	**Vorteile**	**Nachteile**
Eigenentwicklung	Individualentwicklung der E-Commerce-Lösung mit eigenen technischen Ressourcen oder mit einem externen Dienstleister	Höchster Grad an individueller Abbildung der Funktionen und Anpassbarkeit, größtmögliche Differenzierung gegenüber Wettbewerb	Umfangreiches Software- und Prozess-Know-how erforderlich: Risiko, dass Fokus auf Kerngeschäft verlorengeht, laufender Aufwand für Pflege, Support und Anpassung an Technologieentwicklung; Abhängigkeit vom Entwickler. Da viele Facetten in der Entwicklung beachtet werden müssen, raten die Autoren von dieser Lösung eher ab.
Kauf-/ Lizenzlösung	Kauf eines Standard-Softwarepakets/ Softwarelizenz, Hosting nicht im Preis inbegriffen, Einrichtung kann über Partner erfolgen	Große Funktionsvielfalt, kaum technisches Know-how erforderlich, vorhandene Schnittstellen für Anbindung externer Systeme, Installation	Kosten für Lizenz/Wartung und Einrichtung (je nach Lösung) über Partner, Prozess-Know-how erforderlich; es muss auf Updates gewartet werden, um spezielle Funktionen anbieten zu können, oftmals wird die betriebliche Integration deutlich unterschätzt, da spezielle Standards eingehalten werden müssen, die einige Systeme nicht vorsehen (Sicherheitsaspekte, länderspezifische Merkmale)

	Beschreibung	**Vorteile**	**Nachteile**
Open Source	Frei verfügbare Software, die ohne Lizenzkosten genutzt werden kann	Geringe Anschaffungskosten, große Flexibilität, komplette individuelle Anpassung möglich	Eigenes umfangreiches technisches und Prozess-Know-how erforderlich, ggf. entstehen Kosten für externen Dienstleister
Mietshop	Provider stellt technische Infrastruktur und E-Shop bereit	Geringe Einrichtungskosten, schnelle Verfügbarkeit, zunächst überschaubare Betriebskosten, kaum technisches Know-how erforderlich, Layout kann an Corporate Design angepasst werden	Hoher Standardisierungsgrad und eine damit verbundene geringere Gestaltungsfreiheit, begrenzte Möglichkeiten für Integration mit unternehmensinternen Schnittstellen, Prozesse (z.B. Check-out-Prozess) lassen sich nur bedingt anpassen
Full E-Commerce-Services	Fulfilment Provider liefert Komplettlösung für den Online-Retail aus einer Hand: E-Shop, Online-Marketing und Prozessabwicklung; Betreiber lagert auch Prozessabwicklung teilweise oder vollständig an Provider aus	Kaum technisches- und Prozessentwicklungs-Know-how erforderlich, geringes Investitionsrisiko durch in der Regel erfolgsabhängige Preismodelle, schnelle Verfügbarkeit, individuelle Anpassungen möglich	Hoher Grad der Abhängigkeit; Kosten für Anpassungen und Integration; unter Umständen lange Vertragslaufzeiten, es ist fraglich, ob branchenfremde Dienstleister den besonderen Wert einer Luxusmarke adäquat wiedergeben können und dadurch der Markenwahrnehmung schaden, Hersteller können inhouse kein Know-how aufbauen

Quelle: Bitkom (2009), S. 31

5.1.3 Optimale Markteintrittsstrategie

Die Wahl der richtigen **Markteintrittsstrategie** geht dem Launch des E-Shops voran und ist neben den finanziellen Möglichkeiten stark von der Unternehmensphilosophie und -struktur abhängig. Während internationale Konzerne, die über ein globales Distributionsnetz und die notwendigen Ressourcen verfügen, durch eine **Sprinklerstrategie** ihre Marktposition festigen und neue Absatzmärkte erschließen können, ist in anderen Fällen eine **Wasserfallstrategie** vorzuziehen. Gerade für lokale oder regionale Hersteller, deren B2C-Vertrieb sich im Aufbau befindet, kann es sinnvoll sein, ihr E-Shop-Konzept aus Zeit- und Kostengründen zunächst auf einen geografischen Markt zu reduzieren und erst nach dem Vorliegen von Erfahrungswerten auf andere internationale Märkte auszuweiten. Der E-Shop von Valentino konnte beispielsweise zu Beginn nur von amerikanischen Kunden genutzt werden, ehe dieser schließlich auch europäischem und japanischem Publikum zugänglich gemacht wurde. Andere Hersteller wie Alexander McQueen bieten die Nutzung ihres E-Shops derzeitig ausschließlich US-amerikanischen Konsumenten an.

Abbildung 5.1   E-Shop Alexander McQueen U.S. Only

Quelle: Alexander McQueen: http://www.alexandermcqueen.com/, Zugriff am 30.09.2009

Ein weiterer Grund liegt in der **unterschiedlichen Online-Affinität der Zielgruppe** in verschiedenen Ländern. So ist zum Beispiel die Internetabdeckung in Osteuropa noch nicht so hoch wie in Westeuropa. Hinzu kommen spezielle länderspezifische Begebenheiten wie Rechtsvorschriften, unterschiedliche Mehrwertsteuersätze, die zu berücksichtigen sind, oder Kooperationen, die mit lokalen Dienstleistern, wie zum Beispiel Post- und Kurierdiensten, abgeschlossen werden. Gleichzeitig muss der Server einem erhöhten internationalen Zugriff standhalten. Die Warenwirtschaft bzw. das Shop-System müssen an die neuen Gegebenheiten angepasst werden.

5.1.4 Bestimmung des Erstsortiments

Bevor die Waren und Artikel des Herstellers angemessen im E-Shop präsentiert werden können, stellt sich ebenfalls die strategische Frage nach der geeigneten Bestimmung des Erstsortiments zum Launch.

Grundsätzlich gilt ein Sortiment dann als optimal, wenn es

- sowohl bestehende als auch zukünftige Nachfrage befriedigt,
- Kundenfrequenz und Einkaufsstättentreue schafft,
- eine übersichtliche und nachvollziehbare Struktur aufweist,
- Kaufentscheidungen fördert oder sogar provoziert und
- die Wettbewerbsfähigkeit und Ertragskraft des Herstellers sichert.[4]

Um die Entscheidungsfindung der Sortimentsstruktur durch den Hersteller sinnvoll zu unterstützen, sollen im Folgenden mögliche Entscheidungsalternativen aufgezeigt werden:

Optionen der Sortimentsplanung:

- nach **Produktlinie** oder nach Ausschnitt aus Produktlinie (zielgruppenspezifisch)
- nach **saisonaler Relevanz** bei dem Launch des E-Shops (Berücksichtigung des Launch-Zeitpunkts bei der Order)
- nach stationären „Top-Sellern" oder gefragten NOS-Artikeln
- nach **Sortimentsausschnitt** (z.B. nur Kleider, Anzüge, Schuhe)

---

[4] Vgl. Oehme, W. (2001): *Sortimentskontrolle*, in: Diller, H. [Hrsg.] (2001): *Vahlens großes Marketinglexikon*, S.1569

- nach **Cross-Selling-Potenzial** (Erst-Sortiment wird so zusammengestellt, dass Cross-Selling möglich ist)
- nach **Relevanz** (Accessoires vs. Styles)
- nach **kritischer Masse** (Beispiel: nur zwei Portemonnaies als Unterklasse für Accessoires sind zu wenig)
- nach **Katalog-/Zeitungsbeilagenrelevanz** (Orientierung an Werbemaßnahmen, wie beispielsweise Katalogen, Zeitungs-/PZ-Beilagen für bereits existierenden stationären Handel)
- nach **Risikoeinschätzung** (Accessoires wie Taschen besitzen grundsätzlich ein geringeres Risiko als Mode, da hier Passformen in der Regel eine geringere Bedeutung besitzen)

Als Hugo Boss seinen Retail im September 2008 durch einen E-Shop erweiterte, konnten die zunächst nur britischen Kunden lediglich das Produktsortiment der Linie Boss Black erwerben. Inzwischen ist jedoch auch das Sortiment anderer Linien wie Boss Green, Hugo und Boss Orange verfügbar. Zeitgleich mit der Erweiterung der Sortimentsstruktur wurde ein Rollout in weitere europäische Kernländer, wie zum Beispiel Deutschland im Mai 2009, vorgenommen.

Abbildung 5.2 E-Shop Hugo Boss im Oktober 2008

Quelle: Hugo Boss: http://www.hugoboss-store.com, Zugriff am 24.10.2008

5.2 Die Shop-Konzeption: Der erste Eindruck zählt

Konsumenten entscheiden in der Regel schon nach kurzer Zeit, ob sie sich mit dem E-Shop einer Marke beschäftigen möchten oder das Angebot verlassen. Die **Startseite** ist daher neben dem Check-out-Prozess der wichtigste Teil eines E-Shops. Sie muss den Besucher fesseln, seine Neugierde wecken und ihm Lust bereiten, weiter auf der Seite zu bleiben. Dieser Eindruck muss sich von der Startseite auf alle weiteren Seiten übertragen. Als wesentliches Erfolgsmerkmal wird in diesem Zusammenhang neben dem Design die positive Gestaltung der **Usability** genannt.[5] Dabei wird Usability mit Gebrauchstauglichkeit als Maß der Effektivität, Effizienz und Zufriedenheit, mit der Benutzer mit diesem System vorgegebene Ziele erreichen können, beschrieben.[6] Das bedeutet konkret, dass ein E-Shop so übersichtlich und einfach gestaltet werden muss, dass Nutzer sich intuitiv zurechtfinden und problemlos einen Einkauf tätigen können.

Abbildung 5.3 E-Shop Diane von Furstenberg Startseite

Quelle: Diane von Furstenberg: http://www.dvf.com, Zugriff am 30.09.2009

---

5 Vgl. z.B. Kollmann, T. (2007): *E-Business*, S. 192; Nielsen, J., u.a. (2001): *E-Commerce User Experience*, S. 2; Nielsen, J. (2001): *Designing Web Usability*, S. 10
6 Vgl. ISO (1998): DIN EN ISO 9241-11

Die Startseite der belgisch-amerikanischen Designerin Diane von Furstenberg besitzt eine logische und zielführende Navigationsstruktur. Der größte Teil der Inhalte lässt sich direkt über die Hauptnavigation erreichen. Eine Videoanimation, die sich dem generellen Trend fügt, zunehmend mit Bewegtbild zu arbeiten, transportiert Emotionalität und erlangt die direkte Aufmerksamkeit des Nutzers. Neben dem zunehmenden Einsatz von Bewegtbild nutzen immer mehr Hersteller – wie Oscar de la Renta – die emotionale Wirkung großflächiger Bilder zur Kommunikation der Mode auf ihrer Startseite. **Teaserboxen** lenken den Nutzer zusätzlich direkt auf speziellen tieferen Content. Um den Nutzer zum Wiederkehren zu animieren, sollte die Startseite inhaltlich regelmäßig angepasst und überarbeitet werden.

Abbildung 5.4 E-Shop Oscar de la Renta Startseite

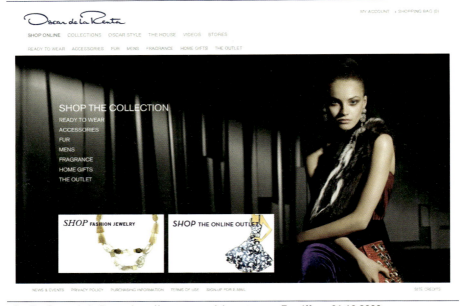

Quelle: Oscar de la Renta: http://www.oscardelarenta.com, Zugriff am 01.10.2009

Trotz der **Reduktion auf das Wesentliche** muss dem Konsumenten sofort bewusst werden, welchen E-Shop er benutzt.[7] Daher müssen Elemente definiert werden, die die **Markenpositionierung wahr-**

---

[7] Vgl. Esch, F.-R. u.a. (2001): *Markenkommunikation im Internet*, S. 574 in: Esch, F.-R. (Hrsg.): Moderne Markenführung

nehmbar umsetzen. Dabei ist die Bildüberlegenheit gegenüber der Sprache bei der Positionierung zu berücksichtigen.[8] Hierzu zählen zum Beispiel das Markenlogo, die Anpassung an das Corporate Design und die Verwendung von Schlüsselbildern.[9]

Dass es in diesem Bereich noch Defizite und Verbesserungsbedarf gibt, soll durch die Darstellung der Produktdetailseite des E-Shops von Salvatore Ferragamo beispielhaft illustriert werden. Dieser ist zwar zweckmäßig konstruiert, kann dem luxuriösen Anspruch der Marke jedoch nicht gerecht werden.

Abbildung 5.5   E-Shop Salvatore Ferragamo Produktdetailseite

Quelle: Salvatore Ferragamo: http://ferragamo.neimanmarcus.com/?ecid=Ferragamo, Zugriff, am 30.10.2008

Der Markenauftritt ändert sich nicht durch ein neues Medium, in dem der Hersteller die Marke kommuniziert. Daher darf die Gestaltung des E-Shops niemals losgelöst vom restlichen Auftritt einer Marke erfolgen und muss im Design mit der exklusiven Markenwahrnehmung harmonieren.

---

8   Vgl. Esch, F.-R. u.a. (2001): *Markenkommunikation im Internet*, S. 574 in: Esch, F.-R. (Hrsg.): Moderne Markenführung
9   Vgl. ebenda

Der E-Shop von Hugo Boss eignet sich dazu, die genannten Anforderungen zu verdeutlichen.

Abbildung 5.6   E-Shop Hugo Boss Kategorieseite

Quelle: http://www.hugoboss-store.com, Zugriff am 24.10.2008

Die Bildsprache steht hier im Vordergrund. Der Konsument wird nicht mit Informationen überladen. Stattdessen wird der E-Shop regelmäßig gepflegt und aktualisiert, und Konsumenten werden auf spezielle Neuerungen hingewiesen. Das schlichte, puristisch anmutende Design ist an die Darstellung der Marke Boss Black angepasst und findet in Farbauswahl und Bilddarstellung Ausdruck. Das Markenlogo ist klar identifizierbar. Die Navigationselemente, die offene Verknüpfungsstrukturen bieten und dem Konsumenten so eine vollständige Freiheit bei der Suche und dem Gang durch den E-Shop ermöglichen, heben sich farblich vom Hintergrund ab und erhöhen die Übersichtlichkeit und Orientierung, indem sie dem Nutzer zeigen, in welchem Teil des E-Shops er sich genau befindet. Die Beständigkeit in der Anordnung der Navigationselemente erleichtert dem Nutzer die Orientierung erheblich. Eine einfache Navigation wird durch den Einsatz „gelernter Elemente" wie der Platzierung des Warenkorbs in Form eines Einkaufstaschen-Icons oben rechts und die geringe Anzahl von Navigationselementen zusätzlich erleichtert.

5.2.1 Usability-Handlungsempfehlungen

Der folgende Abschnitt liefert einen schnellen Überblick über allgemeine Empfehlungen zur Verbesserung der Usability in einem E-Shop für Luxusmode:

- Grundsatz: Barrierefreiheit steht über allem
- Aufwand für den Anwender vermeiden
- Enttäuschungen vermeiden/Erwartungen erfüllen
- Vertrauen und Glaubwürdigkeit präsentieren
- Layout kontrastreich gestalten
- Bestehendes Corporate Design und Kernelemente verwenden
- „Aufgeblähtes" Design vermeiden (Keep it short and simple)
- Abbildungen, Material-/Farbabbildungen sollten von sehr guter Qualität sein und mit beschreibendem Text versehen werden, um das nicht vorhandene haptische Erlebnis visuell zu ersetzen
- Aufmerksamkeitsstarke Elemente sinnvoll und sparsam einsetzen
- Designelemente dürfen nicht wie Banner aussehen
- Werbung sollte sich unterordnen
- Auf übersichtliche, einfache und klar verständliche Navigation achten
- Vertraute Elemente verwenden (Warenkorb-Symbol)
- Auf Konsistenz innerhalb des E-Shops achten (Typografie, Farbauswahl, Navigationsstruktur ...)
- Sprechende URLs (komplexe URLs vermeiden)
- Plattformübergreifende Kompatibilität gewährleisten
- Scrolling vermeiden
- Keine neuen Sites/Pop-ups verwenden
- Plug-ins vermeiden
- Trendtechnologien dezent einsetzen
- Keine voreiligen Registrierungen oder Anforderungen persönlicher Daten
- Filtern und Sortieren in Tabellen und Listen ermöglichen
- Eingabefelder sollten Bestätigungsbuttons enthalten

- Suche und Auffindbarkeit erleichtern (z.B. durch „Shop by"-Funktion)
- Informationsflut vermeiden, kleine Textmengen angeben und Produktinformationen schichten
- Keine veralteten Inhalte oder Informationen anbieten
- Keine Fachbegriffe oder unbekannte Kunstwörter verwenden
- Alle wichtigen Produktinformationen angeben und darüber hinaus beachten: Welche Farben lassen sich gut kombinieren? Ist der Artikel ein aktuelles „Must-Have?[10]

5.2.2 Warenpräsentation

Da die technischen Möglichkeiten einer effizienten und effektvollen Warenpräsentation laufend zunehmen, liegt der Fokus dieses Abschnitts auf den grundlegenden Anforderungen an die Präsentation der Waren.

Im Gegensatz zu stationären Einkaufsstätten lassen sich in einem E-Shop theoretisch unendlich viele Produkte präsentieren und zum Kauf anbieten, da **keine räumlichen Restriktionen** beachtet werden müssen. Trotzdem muss besonders im Luxusbereich darauf geachtet werden, dass der E-Shop nicht „überladen" wirkt. Um Konsumenten die Orientierung zu erleichtern, sollten die angebotenen Produkte deshalb in sinnvollen Gruppen in einem **Produktkatalog** strukturiert werden. Da jeder neue Kunde eines E-Shops primär den Produktkatalog wahrnimmt und nutzt, stellt dieser den hauptsächlich genutzten funktionalen Bestandteil der Informationsphase dar.[11] Produktkataloge ermöglichen es dem Konsumenten, auf verschiedenen Navigationspfaden zu den einzelnen Produktseiten zu gelangen. Die Produktkataloge sollten daher regelmäßig gepflegt und aktuell gehalten werden. Um Frustrationserlebnisse über nicht verfügbare Artikel zu senken, soll-

---

10 Vgl. Nielsen, J. / Loranger, H. (2008): *Web Usability*; Richter, M. / Flückinger, M. (2007): *Usability Engineering Kompakt*; Sarodnick, F / Brau v. Huber, H. (2006): *Methoden der Usability Evaluation*; Stapelkamp, T. (2007): *Screen- und Interfacedesign*

11 Vgl. Dorloff, F.-D. / Leukel, J. / Schmitz, V. (2002): *Produktmodelle in elektronischen Katalogen*, in: WISU Heft 12/02, S. 1557, zitiert nach: Hukemann, A. (2004): *Controlling im Onlinehandel*, S. 17

ten nur tatsächlich verfügbare Artikel angezeigt werden. Ausnahmen könnten Artikel darstellen, die weltweit stark limitiert sind und der Einschreibung in eine Warteliste bedürfen.

5.2.2.1 Suchen und Filtern

E-Shops sollten eine **Suchfunktion** anbieten, die sich an den Bedürfnissen der Nutzer orientiert. Besonders bei einem umfangreichen Sortiment besitzt eine Suchfunktion zentrale Bedeutung, da der Konsument sonst die Übersicht verlieren kann. Obwohl dies als selbstverständlich erscheinen mag, bieten noch viele Hersteller in ihren E-Shops trotz eines sehr breiten und tiefen Sortiments keine Suchfunktion an. Aber auch eine langsame und schwer zu bedienende Suchfunktion, deren Suchalgorithmus nicht genau funktioniert, kann dazu führen, dass Nutzer den E-Shop verlassen. Neben einer **attributisierten Suche**[12], die Keywords oder Schlagwörter anzeigt, bieten sich im Bereich der Luxusmode insbesondere **beratende Kataloge**[13] an, die neben der Darstellung der Produkte auch einer Bedürfnisanalyse dienen, und **konstruierende Kataloge**[14], die eine kombinierte Suche mehrerer komplementärer Produkte ermöglichen. Den Produkten werden hierbei Referenzierungsdaten zugeschrieben, die eine sinnvolle Zusammenstellung verschiedener Produkte möglich machen.[15] Relativ neu ist der Trend einer visuellen Suche, wie sie zum Beispiel bei Stylight angeboten wird, die eine Orientierung durch Schaffung eines zusätzlichen optischen Reizes verbessert.

---

12 Vgl. Kollmann, T. (2007): *E-Business*, S. 195
13 Vgl. ebenda
14 Vgl. ebenda
15 Vgl. ebenda

Abbildung 5.7   Beispiel einer visuellen Suche: Stylight

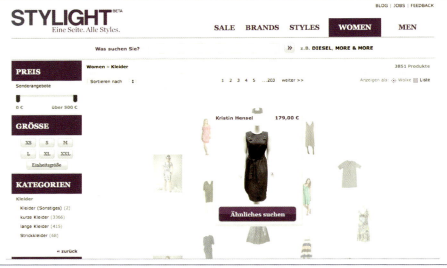

Quelle: Stylight: http://www.stylight.de, Zugriff am 12.07.2009

Zusätzlich zu einer Suche sollte eine **Filterfunktion** implementiert werden, die sich an den Bedürfnissen des Kunden orientiert und verschiedene Parameter, wie z.B. Farbe, Größe, Preis, Stil und Trageanlass, Aktualität des Artikels, zur Auswahl anbietet. Auch von dieser Möglichkeit, die gleichzeitig einer besseren Auffindung von Produkten dient, wird in vielen Fällen nur rudimentär Gebrauch gemacht.

5.2.2.2   Visualisierung

Mode ist bildbezogen.[16] Eine ansprechende Visualisierung der Produkte stellt somit einen zentralen Erfolgsfaktor für E-Shops im Bereich der Luxusmode dar, da diese dabei hilft, Unsicherheiten der Konsumenten bezüglich Beschaffenheit und Passform zu reduzieren. Eine Abbildung aller verfügbaren Farben und Muster eines Produkts wird von den Nutzern sehr geschätzt. Die zunehmende Verbreitung von Breitbandverbindungen ermöglicht inzwischen den Einsatz hochauflösender Bilder oder Videos, da der Konsument größere Datenpakete schneller laden kann. Um die Ladezeiten bei einer Mehrzahl von Bil-

---

16 Vgl. Borelli, L. (2002): *www.mode*, S. 7

dern jedoch gering zu halten, eignet sich auf Kategorieseiten eine **Miniaturansicht**, die sich bei Bedarf vergrößern lässt. Die hochauflösende Ansicht sollte erst auf der Produktdetailseite eingesetzt werden. Durch **digitale Wasserzeichen** lassen sich unbefugt kopierte Bilder bis zu einem gewissen Grad zurückverfolgen.

5.2.2.2.1 Modefotografie

Im Bereich der Fotografie dienen **Flatshot-Darstellungen** dazu, den stofflichen Charakter eines Produkts näher zu beschreiben. Die **Passform-Darstellung** zeigt das Produkt an einem Modell. Um dem Konsumenten einen besseren Eindruck des Produkts zu vermitteln, sollte dieses aus verschiedenen Ansichten abgebildet werden und sich im Vollbildmodus darstellen lassen. Produktdetails sollten separat abgebildet werden. Fashiondarstellungen sollten eine **hohe Auflösung** besitzen, damit die Farben und die Beschaffenheit der Stoffe am Bildschirm optimal wiedergegeben werden können.

Abbildung 5.8   Varianten der Produktvisualisierung

Bezeichnung	Darstellung	Beschreibung
Flatshot	 Quelle: myClip Studios	Gelegte Ware, die einzeln oder in Kombination von oben fotografiert wird
Stills	 Quelle: Fotoformplus Studios	Akkurat ausgeleuchtete Accessoires, Schuhe und Schmuck, die frontal und lichtoptimiert fotografiert werden

Bezeichnung	Darstellung	Beschreibung
Composings	Quelle: Fotoformplus Studios	Darstellung der Produktvielfalt durch den Einsatz von Farben und unterstützenden Zusatzelementen. Verschiedenste Outfitvorschläge von Fashion- und Non-Fashionelementen.
360°-Objekte	Quelle: Fotoformplus Studios	3-D-Produktdarstellung in hochauflösender Rundum-Ansicht. Die Aufnahme erfolgt durch Spezialkameras und ermöglicht eine Rotation in der Produkteinzelansicht durch den Kunden.
Detailbild	Quelle: Fotoformplus Studios	Hervorhebung von besonderen Produkt-Highlights (z.B. spezielle Verarbeitung von Nähten, Knöpfen und Markenlabels) durch detailgetreue Nahaufnahmen.
Fashion Clips	Quelle: asos.com	Professionell produzierte Bewegtbild-Produktionen zur multimedialen Produktinformation. Dauer ca. 15-45 Sekunden. Besonders in der Produktdarstellung von Kleidern sinnvoll, da so eine bessere Einschätzung der Passform möglich ist.

Bezeichnung	Darstellung	Beschreibung
Cropping	Quelle: myClip Studios	Ausschnittdarstellung aus bereits produziertem Flatshot.
Produktfilme	Quelle: myClip Studios	Professionell produzierte „Animatics" (Produktfilme) aus zuvor produzierten 360-Grad-Bildern.
Dressing Room	Quelle: myClip Studios	Interaktives Anprobieren von Kleidung an wahlweise weiblichen oder männlichen Models in einer virtuellen Umkleidkabine.
Packshots	Quelle: myClip Studios	Besondere Art der Still-Fotografie von nicht flach legbaren Produkten.

Bezeichnung	Darstellung	Beschreibung
Image	Quelle: ralphlauren.com	Hochwertige Bildfotografie zur professionellen Darstellung von Produkten.

Die vielfältigen Möglichkeiten in der Visualisierung und Darstellung von Luxusmode müssen aus betriebswirtschaftlicher Sicht jedoch kritisch hinterfragt werden. Eine umfangreiche Produktdarstellung der einzelnen Artikel, die von echten Models präsentiert wird, kann die Conversion-Rate, also die Käufe im Verhältnis zu den Besuchern, deutlich steigern, ist jedoch mit zusätzlichen Kosten wie der Miete für das Fotostudio, Gagen der Modelle und des Fotografen oder Lizenzierungskosten verbunden.

5.2.2.2.2 Zoom-Funktion

Die Integration einer **Zoom- bzw. Lupen-Funktion** stellt ein weiteres wichtiges Feature dar. Ohne eine sehr gute Zoom-Funktion werden gerade im hochwertigen Modebereich die Chancen eines Abverkaufs dramatisch gesenkt: Der Endkunde will die Textur des Gewebes genau erkennen können, da ihm die Haptik fehlt.

Abbildung 5.9   E-Shop Valentino Zoomfunktion

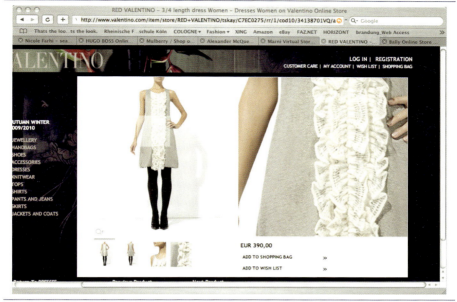

Quelle: Valentino: www.valentino.com, Zugriff am 01.10.2009

Eine **360°-Rotationsfunktion** kann zusätzlich unterstützend eingebunden werden, um das Produkt aus allen Perspektiven betrachten zu können.

5.2.2.2.3   Bewegtbild

Videos bieten dem Konsumenten weitere Informationen und können das Einkaufserlebnis verstärken. So können Videos von Fashion-Shows die Luxusatmosphäre unterstützen und stellen deutlicher als Bilder dar, wie Kleidung am Modell sitzt und fällt oder auf Lichtreflexe reagiert. Zusätzlich können Videos das Gefühl einer menschlichen Präsenz vermitteln.[17] Neben der Angabe der Ladezeit sollten Videos sich zusätzlich anhalten und im Sound regulieren lassen sowie eine Skip-Funktion besitzen, damit der Nutzer diesen Zusatzfunktionen bei Nichtinteresse nicht zwangsweise ausgesetzt ist.

---

17 Okonkwo, U. (2007): *Luxury Fashion Branding*, S. 115

5.2.2.2.4 Flash-Techologie

Der Einsatz von Flash genießt im Internet einen ambivalenten Ruf. Auf der einen Seite können zum Beispiel Flash-Animationen dazu dienen, Akzente zu setzen und dem E-Shop zusätzliche Emotionalität zu verleihen, auf der anderen Seite ist eine Website, die in Flash umgesetzt wird, in seiner Usability deutlich eingeschränkter als eine HTML-Darstellung. In der Regel benötigen Flash-Seiten eine längere Ladezeit als HTML-Seiten und weisen Nachteile in der Navigation auf: So kann der „Zurück-Button" im Browser oftmals nicht ohne Weiteres bedient werden, und auch ein einfacher Ausdruck oder Screenshot der Seite ist nicht möglich. Auch können die URL-Unterseiten einer Flash-Seite nicht einfach kopiert werden, sodass es unmöglich ist, gezielt Bookmarks zu setzen oder den Link weiterzusenden. Zudem können zu viele Animationen den User vom Kauf ablenken und durch Abnutzungserscheinungen ihren Reiz verlieren. Ein weiterer Nachteil ist, dass Flash-Seiten eine deutlich geringere Suchmaschinenfreundlichkeit als HTML-Seiten aufweisen und sich auf einigen Endgeräten, wie z.B. dem iPhone oder iPad, nicht darstellen lassen. Grundsätzlich ist davon abzusehen, den gesamten E-Shop in Flash zu schreiben. Stattdessen ist eine Umsetzung in HTML vorzuziehen, die durch einige gezielt eingesetzte Flash-Elemente aufgewertet wird. Wird die Entscheidung getroffen, Flash zu verwenden, sollte daher immer darauf geachtet werden, auch eine „Non-Flash"-Variante anzubieten. Als Beispiel für einen E-Shop, der komplett in Flash umgesetzt wurde, dient Louis Vuitton.

Abbildung 5.10   E-Shop Louis Vuitton Umsetzung in Flash

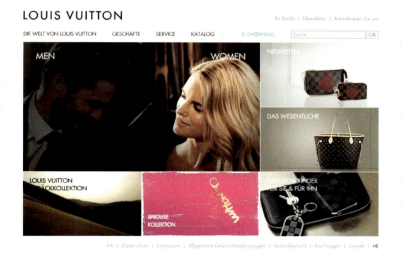

Quelle: Louis Vuitton: http://www.louisvuitton.com, Zugriff am 13.07.2009

5.2.2.2.5   Augmented Reality

Durch Technologien wie Augmented Reality Systems wird es zukünftig möglich, das fehlende haptische Modeerlebnis durch intensivere visuelle Reize weiter auszugleichen. Bestehende reale Eindrücke werden zusätzlich durch computergestützte Informationen erweitert. Noch steckt die Technologie in den Kinderschuhen, und auch konzeptionell sind noch nicht alle Möglichkeiten ausgereizt. Virtuelle Dressrooms, die dem Kunden das „Fitting" der Kleidung am eigenen Körper via Webcam ermöglichen, sind allerdings schon lange keine Zukunftsvision mehr. Bedenkt man, dass Online-Shops im Modebereich mit einer Retourenrate von etwa 30 Prozent rechnen müssen[18], so wird deutlich, wie viel Potenzial hier besteht.

---

18   Eigene Recherche

Abbildung 5.11   Zugara Webcam Social Shopper

Quelle: Zugara: http://www.zugara.com/index.aspx?id=1064, Zugriff am 24.04.2010

5.2.2.3   Texting

Neben einer ansprechenden Visualisierung spielen Produktinformationen in Form von Texten eine weitere wichtige Rolle, um die besonderen Produkteigenschaften hervorzuheben. Gleichzeitig unterstützen sie die Suchmaschinenoptimierung des E-Shops.

Nielsen stellte in Studien heraus, dass Texte online **meist nur überflogen** werden,[19] da das Lesen längerer Textpassagen am Bildschirm schnell zur Ermüdung führen kann.[20] Obwohl die Darstellung von Texten mit kurzen Ladezeiten verbunden ist, sollten zunächst nur intuitiv verständliche **Schlüsselinformationen** geliefert werden, die das Informationsbedürfnis der Kunden befriedigen. Im Zusammenhang mit der Lesbarkeit von Texten können spezielle Formatierungen besondere Informationen hervorheben und den Lesefluss erleichtern. Vertiefende Detailinformationen, wie z.B. Größenbeschreibungen, die Art des verwendeten Materials, Pflegehinweise oder ein Fitting-Guide mit Anmerkungen über die Passform, sollten sich separat aufrufen lassen. Gerade bei Angaben von Größen sollte auch auf ausländische

---

19 Vgl. Nielsen, J. (2001): *Designing Web Usability*, S. 15
20 Vgl. Magerhans, A. (2005): Kundenzufriedenheit im Electronic Commerce, S. 22

Kunden Rücksicht genommen werden, da diese oftmals andere Größensysteme nutzen. Analog zur Bebilderung der Artikel lassen sich auch durch die Betextung Mehrwerte für den Konsumenten schaffen. Eine **umfassende Darstellung** der Detailinformationen kann besonders bei beratungsintensiven Produkten dazu beitragen, die Retourenquote zu reduzieren. Hersteller wie Nicole Farhi die Konsumenten ein besonderes Kaufargument liefern, unterstreichen gleichzeitig ihre Fashion-Kompetenz, indem sie Nutzern zusätzliche Informationen zum Trageanlass, kombinierbare Farben oder Trends in Form eines Editorial Content anbieten.

Abbildung 5.12   E-Shop Nicole Farhi Produkttext

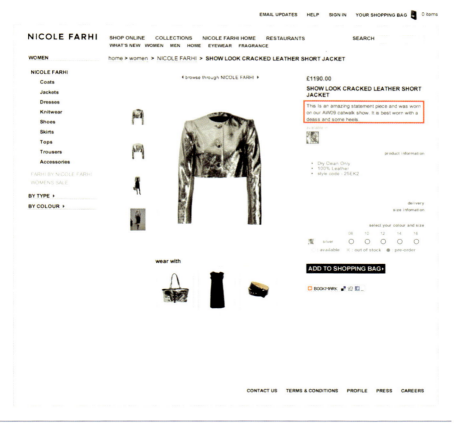

Quelle: Nicole Farhi: http://www.nicolefarhi.com, Zugriff am 01.10.2009

5.2.2.3.1 Tonalität der Ansprache

Die objektive Seltenheit der Luxusmode sollte in der Kommunikation betont werden, da diese Verknappung der Distribution die Empfindungen der subjektiven Seltenheit steigert.[21] Die **Tonalität** der Ansprache sollte dabei jedoch eher eine defensive Kommunikation verfolgen als einem Kaufappell entsprechen.

Obwohl der Internet-Jargon stark von englischen Begriffen geprägt ist, sollte bei der Betextung des E-Shops ein übertriebener Sprachmix vermieden werden. Besucher des Shops sollten sofort erkennen können, was sich hinter einzelnen Navigationspunkten verbirgt, ohne sich einer Übersetzungshilfe bedienen zu müssen.

Im Fall eines international erreichbaren E-Shops bietet sich eine **mehrsprachige Gestaltung** an, die nicht automatisch an den Standort des Konsumenten gebunden sein sollte. Nicht jeder, der in Frankreich lebt, möchte die Informationen auch auf französisch lesen. Für das Segment Luxusmode bieten sich die Sprachen Französisch, Italienisch, Englisch, Russisch, Chinesisch und Japanisch als besonders geeignet an. Jede weitere Sprachunterstützung kann die Conversion-Rate zusätzlich steigern, da ein Bestellprozess, der nicht in der Landessprache des Konsumenten geführt wird, zu Verunsicherungen und Abbrüchen führen kann.

5.2.2.3.2 Suchmaschinenoptimierung

Um Besucher über **Suchmaschinen** zu generieren, muss ein E-Shop auch textlich für diese optimiert werden.

Wichtig sind dabei vor allem auf die Suchbegriffe abgestimmte Inhalte und eine gute externe Verlinkung. Um geeignete Suchbegriffe zu definieren, muss zunächst recherchiert werden, wie die Zielgruppe nach bestimmten Artikeln sucht. Jede Rubrikseite sollte über einen informativen, einleitenden Text verfügen. Spezifische Suchbegriffe sollten in die Produktdetailseite eingebaut werden. So sollte idealerweise auch der Produktname den relevanten Suchbegriff beinhalten, also z.B. „Burberry Gold Shimmering Seidenkleid" anstelle von „Burberry Kleid". So kann die Produktseite nämlich auch für den Suchbegriff „Gold Shimmering Seidenkleid" gefunden werden. Neben dem

---

21 Vgl. Valtin, A. (2005): *Der Wert von Luxusmarken*, S. 113

individuellen Titel sollten für eine Suchmaschinenoptimierung zudem Metatags, also Metadaten über den jeweiligen Artikel, eingesetzt werden.

Die folgenden Maßnahmen eignen sich dazu, die Platzierung des E-Shops in Suchmaschinen zu verbessern:[22]

- **Passende Keywords auswählen**: Welche Keywords eignen sich am besten für die Beschreibung des E-Shops? Die Keywords sollten genutzt werden, um Seitentitel und Seitenbeschreibung zu optimieren und sollten außerdem in Überschriften und Texte eingearbeitet werden.
- **Einzigartige Inhalte liefern**: Gut geschriebene, leicht lesbare und interessante Texte sind der effektivste Weg, um in Suchmaschinen hohe Plätzen zu belegen. Zusätzlich sollten die Texte auf ein bestimmtes Keyword oder eine Keyword-Gruppe optimiert werden, um von den Suchmaschinen als relevant eingestuft zu werden. Im Zuge der universal Search gewinnen zudem auch Bilder und Videos an Bedeutung.
- **Intelligente Seitentitel wählen**: Der beste Platz, Keywords an Suchmaschinen zu vermitteln, ist der Titel-Tag. Dieser Platz sollte für wichtige Schlüsselbegriffe verwendet werden und eine Kombination aus Branding (Herstellername oder Herstellermarke) und entsprechenden Keywords enthalten.
- **XML-Sitemaps nutzen**: Damit Suchmaschinen alle Seiten finden, bietet sich die Integration einer Sitemap an.
- **Meta-Informationen**: Zu den Metainformationen gehören Keywords, die Seitenbeschreibung und der Seitentitel. Die Seitenbeschreibung nimmt hier eine besondere Rolle ein und sollte den Auftritt möglichst genau zusammenfassen. Eine bloße Aneinanderreihung von Keywords sollte vermieden werden.
- **Überschriften**: Suchmaschinen betrachten Websites als Dokumente und suchen nach hierarchischen Gliederungen. Mit den HTML-Tags H1 bis H6 lassen sich Überschriften definieren, die die Seiten gliedern. Das H1-Tag sollte nur einmal verwendet werden und den Seitentitel beinhalten. Alle anderen Tags können öfter ein-

---

22 Vgl. Internet World: http://www.internetworld.de/Nachrichten/Praxistipps/SEO-So-wird-s-gemacht, Zugriff am 04.10.2009

gesetzt werden. Dabei sollten insbesondere Keywords verwendet werden.

- **Optimierung der Seitenstruktur**: Empfehlenswert sind flache Seitenstrukturen mit maximal drei Ebenen. Verzeichnisse und Dateien sollten Namen erhalten, die den Seiteninhalt mit passenden Keywords beschreiben.
- **Alt-Attribute bei Bildern**: Textbrowser und Suchmaschinen können Bilder nicht erkennen. Daher sollten die Bilder genau beschrieben und Keywords eingesetzt werden.
- **Optimierung interner Verlinkungen:** Nur wenn die einzelnen Sites miteinander verlinkt sind, können Suchmaschinen alle Inhalte finden. Content-Management-Systeme bieten spezielle Funktionen, um ähnliche Artikel oder Ranklisten der am häufigsten gelesenen Artikel auf den Seiten anzeigen zu lassen.

Die Optimierung einer Website für Suchmaschinen ist weniger ein Kampf gegen Suchmaschinenbetreiber, sondern vielmehr gegen andere Unternehmen, die sich auf dieselben Suchbegriffe konzentrieren. Daher ist es wichtig, noch vor Entwicklung des Shops die direkten Konkurrenten zu ermitteln und diese hinsichtlich Verlinkung und Optimierung zu beurteilen. Oftmals lassen sich in diesem Prozess sinnvolle Ableitungen für das eigene Unternehmen treffen.

5.2.2.4 Cross-Selling

Mehrfachplatzierungen, also das gleichzeitige Anbieten eines Artikels in verschiedenen Kategorien, bieten sich besonders bei einem großen Sortiment an. Sie können das Interesse auf spezielle Produkte lenken.

Analog zu dem geschulten Verkaufsberater im stationären Store, der passende Produkte vorschlägt, kann dies in einem E-Shop an unterschiedlichen Stellen geschehen. Das höchste Potenzial für zusätzliches Up- oder Cross-Selling bietet die Produktdetailseite. So bietet beispielsweise Hugo Boss zu dem Produkt der Wahl weitere ergänzende Produkte an.

Abbildung 5.13   E-Shop Hugo Boss Cross-Selling

Quelle: Hugo Boss: http://www.hugoboss-store.com, Zugriff am 24.10.2008

Die Möglichkeiten des Cross- und Up-Sellings innerhalb eines E-Shops fordern unter Aspekten der Generierung zusätzlicher Umsätze oftmals dazu auf, Nutzern an verschiedenen Stellen ergänzende Produkte anzubieten. Gerade im Bereich der Luxusmode sollte dieses Potenzial aber nicht bis zum äußersten ausgereizt werden. So stellt beispielsweise der Check-out-Prozess ein Tabu für weitere Produktplatzierungen dar. Stattdessen sollten Nutzer durch intelligente Inspirationen zu weiteren Einkäufen verführt werden.

Auswahlmöglichkeiten wie „Seen on", „Shop the Shows" oder „Shop by Occasion" und „Shop by Look" gehen individuell auf die Bedürfnisse von Konsumenten ein und ersetzen das Ausschneiden von Seiten aus Modemagazinen, um damit nach bestimmten Produkten oder Looks zu suchen. Sie gelten zunehmend als wichtige Inspiration.[23] Gleichzeitig fördern sie auch das Cross- und Up-Selling, da ein Look aus mehreren einzelnen Artikeln besteht.

---

23 Vgl. Borelli, L. (2002): *www.mode*, S. 8

Abbildung 5.14   E-Shop Gucci „Shop by Look"

Quelle: Gucci: http://www.gucci.com, Zugriff am 02.10.2009

Der besondere Vorteil des Internets gegenüber Modemagazinen ist darin zu sehen, dass es hier keine Vorlaufzeiten gibt und neue Trends direkt in Echtzeit kommuniziert werden können. So können beispielsweise die Looks einer Modeshow schon wenige Minuten im Anschluss an diese vorgestellt werden.

Abbildung 5.15   E-Shop Diane von Furstenberg „Shop the Show"

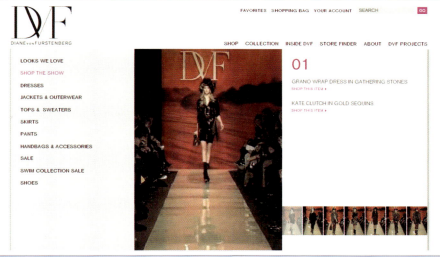

Quelle: Diane von Furstenberg: http://www.dvf.com, Zugriff am 01.10.2009

5.3 Bestellprozess: Das Herzstück eines E-Shops

Neben der Start- und Produktdetailseite stellt die Gestaltung des Check-out-Prozesses Hersteller vor besondere Herausforderungen. Der schönste E-Shop ist wertlos, gelingt es dem Kunden nicht, den Einkauf positiv abzuschließen.

Damit der Konsument im Anschluss an die erfolgreiche Produktsuche im Produktkatalog auch eine Bestellung auslösen kann, muss der Weg von der Produktwahl bis zur Bestellung möglichst einfach gehalten werden.[24] Eine Faustregel besagt, dass es dem Kunden mit nur **drei Mausklicks** technisch möglich sein sollte, eine Produktbestellung über einen E-Shop abzuschließen.[25] E-Shop-Systeme sollten **Produktbestellungen weitgehend automatisieren**, da die Weiterleitung an das Lager oder die Rechnungsstellung so vereinfacht wird

---

24   Vgl. Kollmann, T. (2007): *E-Business*, S. 199
25   Vgl. ebenda, S. 201

und besonders bei einer hohen Zahl von Bestellungen Vorteile bietet.[26]

Die eigentliche **Bestellfunktion** setzt sich aus mehreren Formularen zusammen, die die zur Durchführung der Transaktion relevanten Kundendaten abfragen,[27] und kann mit einer **Kundenregistrierung** verbunden werden. So lässt sich der Konsument bei weiteren Bestellungen durch eine persönliche Ansprache begrüßen, was ein soziales Moment schafft, und muss seine Daten nicht erneut eingeben. Zudem sollte ein virtuelles Benutzerkonto dem Konsumenten die Einsicht in bereits getätigte und laufende Bestellungen gewähren und die Möglichkeit einer Wunschzettelfunktion bieten. Eine **Visualisierung des Bestellvorgangs** unterstützt den Kunden in seinem Einkaufsprozess und hilft ihm dabei, den weiteren Ablauf besser einzuschätzen.

Abbildung 5.16   E-Shop Valentino Bestellprozess

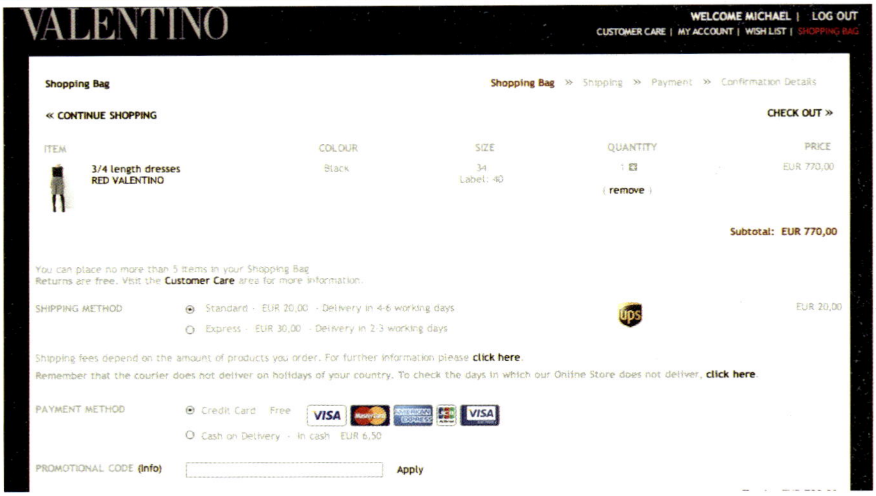

Quelle: Valentino: http://www.valentino.com, Zugriff am 02.10.2009

Eine Bestellung ohne vorherige Registrierung kann zwar die Conversion-Rate steigern, birgt aber ebenfalls viele Risiken hinsichtlich ei-

---

26 Vgl. Kollmann, T. (2007): *E-Business*, S. 201
27 Vgl. Hukemann, A. (2004): *Controlling im Onlinehandel*, S. 67

ner validen Dateneingabe durch den Nutzer und sollte daher gut bedacht werden.

Am Ende des Bestellvorgangs sollten Nutzer in Form eines „Vielen Dank"-Hinweises eine positive Rückmeldung erhalten, die zusätzlich durch eine E-Mail bestätigt wird.

5.3.1 Warenkorb

Der **virtuelle Warenkorb** stellt das digitale Pendant zum realen Einkaufswagen dar, in dem der Kunde die Produkte vor dem Bestellvorgang zwischenspeichern und die Produktauswahl kontrollieren kann. Vor diesem Hintergrund muss der Warenkorb eines E-Shops folgende Anforderungen erfüllen[28]:

- Gleichzeitige **Aufnahme mehrerer Artikel** des gleichen Typs
- **Löschen** bzw. „**Zurücklegen**" eines bereits aufgenommenen Artikels
- Ansicht der **Artikeldetails** auch vom Warenkorb aus
- Nachträgliches **Ändern der Bestellmenge** eines Artikels
- Nachträgliche **Konfiguration** von konfigurierbaren Artikeln
- Brutto- und Nettopreiskalkulation
- Anzeige der Versandkosten
- ▶ Anzeige möglicher **Zahlungsarten**

Persistente Warenkörbe identifizieren den Client-Rechner auch über die aktuelle Sitzung hinaus und ermöglichen daher, den Inhalt des Warenkorbes bei einem erneuten Besuch anzuzeigen.

Der E-Shop von Ralph Lauren zeigt bei jeder Artikelaufnahme eine Übersicht der aktuellen Inhalte des Warenkorbs, die in einem Fenster für wenige Sekunden eingeblendet werden.

---

28 Vgl. Kollmann, T. (2007): *E-Business*, S. 198

Abbildung 5.17   E-Shop Ralph Lauren Warenkorb

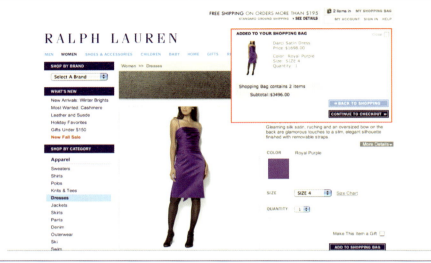

Quelle: Ralph Lauren: http://www.ralphlauren.com, Zugriff am 29.10.2008

5.3.2   Zahlungsverfahren

Zahlungsverfahren in E-Shops kommt eine besondere Bedeutung zu, da eine falsche Ausgestaltung der Zahlungsmöglichkeiten zu einem Abbruch des Einkaufsprozesses führen kann.[29] Studien belegen, dass sich Kaufabbruchquoten durch das Angebot mehrerer kundenfreundlicher Zahlungsverfahren deutlich senken lassen. So verzichten Hersteller, die nur eine Zahlungsart anbieten, auf mögliche **Umsatzsteigerungen**, da einige Konsumenten den Kaufvorgang abbrechen, wenn die von ihnen präferierte Zahlungsmöglichkeit nicht zur Wahl steht. Zusätzliche Gewinne lassen sich jedoch nur durch ein entsprechendes Risikomanagement mitsamt präventiven Maßnahmen realisieren. So besitzen einige Zahlungssysteme ein deutlich höheres **Zahlungsausfallrisiko** als andere.

---

29 Vgl. Magerhans, A. (2005): *Kundenzufriedenheit im Electronic Commerce*, S. 29

5.3.2.1 Allgemeine Anforderungen

Grundsätzlich müssen die Zahlungssysteme eines E-Shops folgende Kriterien erfüllen:[30]

- **Sicherheit:** Sie müssen Schutz vor Angriffen, Missbrauch oder Manipulationen von Finanztransaktionen im Internet gewährleisten.
- **Akzeptanz/Verbreitung:** Die Annahmebereitschaft muss durch die Akteure sichergestellt sein, um Fehlinvestitionen oder Umsatzeinbußen vorzubeugen. Der Verbreitungsgrad ist mit der Akzeptanz eng verknüpft. Er beschreibt die Dichte der Teilnehmer am System. Mit steigender Teilnehmerzahl steigt in der Regel die Akzeptanz.
- **Bedienbarkeit:** Das Zahlungsverfahren muss für den Anwender einfach zu bedienen und die Einleitung des Zahlungsvorgangs offensichtlich sein.
- **Skalierbarkeit:** Die Konzeption des Zahlungssystems sollte jederzeit um zusätzliche Teilnehmer und Währungen erweiterbar sein.
- **Anonymität:** Im B2C-Bereich sollte es Kunden möglich sein, Transaktionen ohne Preisgabe ihrer Identität durchzuführen.
- **Verfügbarkeit:** Ein E-Shop hat 24 Stunden und sieben Tage die Woche geöffnet, ebenso müssen die Zahlungssysteme jederzeit verfügbar sein.
- **Wirtschaftlichkeit:** Transaktionskosten müssen im Verhältnis zu den Rechnungsbeträgen stehen.

Die Frage, welche Zahlungssysteme konkret angeboten werden sollen, kann sich allerdings schnell als strategisches Problem erweisen, da allein in Deutschland über 40 verschiedene Zahlungsverfahren bekannt sind, von denen alle individuelle Vor- und Nachteile aufweisen.[31] Für Hersteller ist es daher empfehlenswert, sich den Rat von **Payment Service Providern** (PSP) einzuholen. Diese Unternehmen sind auf Zahlungsdienstleistungen im Online-Retail spezialisiert und bieten neben verschiedenen Zahlungsverfahren gegen eine Transaktionsgebühr auch ergänzende Zusatzleistungen wie etwa eine Bonitätsprüfung an.

---

30 Vgl. Nicolai, S. (2004): *ePayment – Zahlungsverkehr entlang der eSupply Chain,* S. 230 f., in: Wannenwetsch, H. / Nicolai, S. (Hrsg.): E-Supply-Chain-Management
31 Vgl. ibi research (2009*): eCommerce Leitfaden*, S. 79

5.3.2.2 Zahlungsverfahren im Überblick

Im folgenden Abschnitt werden verschiedene Zahlungsverfahren zunächst kategorisiert und näher beschrieben. Anschließend werden Kriterien genannt, die bei der Auswahl eines geeigneten Zahlungsverfahrens für einen E-Shop im Bereich der Luxusmode relevant sind.

Prinzipiell lassen sich **drei Hauptkategorien von Zahlungsverfahren** unterscheiden, denen die einzelnen Zahlungsverfahren untergeordnet werden können:

Abbildung 5.18 Kategorisierung von Zahlungsverfahren

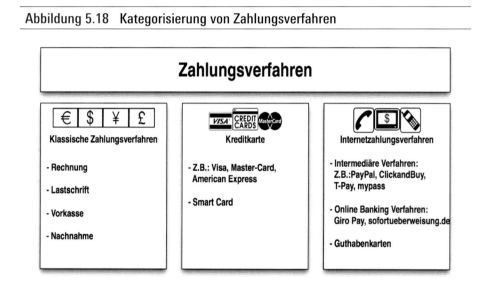

Quelle: eigene Darstellung

5.3.2.2.1 Klassische Zahlungsverfahren

Als **klassische Zahlungsverfahren** werden Rechnung, Nachnahme, Lastschrift und Vorkasse bezeichnet.

Zahlung per Rechnung oder Nachnahme zählen zu den traditionellen Offline-Bezahlmethoden. Nach Erhalt der Ware zahlt der Konsument bei Nachnahme direkt zum Zeitpunkt der Lieferung in bar oder per Scheck bzw. innerhalb einer bestimmten Frist, wenn eine Rechnungszahlung veranlasst wurde.

Die Zahlung per **Rechnung** stellt für Kunden das bequemste und risikoloseste Zahlungsverfahren dar, da diese nicht in Vorleistung treten müssen. Umgekehrt entstehen beim E-Shop-Betreiber höhere Risiken durch Zahlungsausfälle. Zusätzlich entstehen weitere Kosten bei der Rechnungserstellung auf Papier oder für entsprechende Mahnverfahren. Bei Kunden ohne Bonitätsprüfung existiert keinerlei Sicherheit, sodass dieses Verfahren ein hohes Betrugsrisiko beinhaltet.

Bei der Zahlung per **Nachnahme** hingegen liegt das Risiko beim Käufer. Auch hier treten keine Zahlungsausfälle auf. Dennoch besteht ein Risiko von Retouren durch falsche Adressangaben oder die Verweigerung der Annahme.

Erfolgt die Bezahlung per **Lastschriftverfahren**, übergibt der Endkunde dem Hersteller seine Bankinformationen mitsamt einer Einwilligung sein Konto zu belasten. Dieses Zahlungsverfahren gilt bei Endkunden allgemein als das beliebteste im deutschen Online-Retail. Für den Hersteller entstehen hier zwar relativ geringe Kosten, allerdings muss mit erhöhten Kosten im Fall einer Rückbuchung gerechnet werden.

Bei der **Vorauskasse** erfolgt der Warenversand erst nach Geldeingang. Daher gibt es eine zeitliche Verzögerung zwischen Bestellung und Bezahlung. Das Risiko liegt hier in erster Linie beim Konsumenten, schützt aber den Hersteller vor Zahlungsausfällen.

5.3.2.2.2 Kreditkartenzahlung

Kreditkartensysteme eignen sich aufgrund ihrer Verbreitung in der realen Welt auch für den Einsatz in einem E-Shop. Nach Nielsen erfolgen inzwischen 60 Prozent aller Internet-Einkäufe weltweit durch Kreditkartenzahlung.[32] Im Vordergrund stehen eine **sichere Übertragung** der Kreditkarteninformationen und die **Authentizität** der Daten. Grundsätzlich wird hier zwischen zwei **Verschlüsselungsverfahren** für einen sicheren Datenübertragungsweg unterschieden:

1. **Kreditkartenzahlungen mit SSL:** Die Verschlüsselung der Daten mit dem Secure Socket Layer (SSL) ist die am häufigsten verwendete Variante, da diese in allen gängigen Browsern implementiert

---

32 Vgl. Nielsen [Hrsg.] (2008): *Trends in Online Shopping*, S. 4

ist.[33] Ein Abfrageformular erfasst die Kreditkarteninformationen des Kunden in verschlüsselter Form und übermittelt sie an den Rechnungssteller. Die Schwäche des Verfahrens liegt darin, dass ein vom Kunde unterschriebener Beleg, der die Rechtmäßigkeit der Zahlungsforderung bestätigt, nicht angegeben werden kann und der Rechnungssteller so keine Garantie darüber hat, ob der Benutzer auch Karteninhaber ist.

2. **Kartenzahlung mit SET:** Der Zahlungsstandart Secure Electronic Transaction (SET) ist von einem Konsortium bestehend aus Visa, Mastercard, Microsoft, Netscape, IBM und anderen IT-Firmen entwickelt worden. Im Gegensatz zu SSL garantiert SET nicht nur die Authentizität der Transaktionspartner, sondern auch die Bezahlung und die Auslieferung der bestellten Produkte.[34] Nachteilig für die Verbreitung wirken sich die hohen Kosten für Bereitstellung und Betrieb aus.

Um dem **Missbrauch von Kreditkarten** vorzubeugen, eignet sich insbesondere der Einsatz von „3 D secure" von MasterCard oder „verified by VISA" von VISA. Bestreitet ein Kreditkarteninhaber beispielsweise den Kauf der Ware und die Zahlung wird zurückgebucht, so haftet in diesem Fall nicht mehr der Hersteller für den Zahlungsausfall, sondern die kartenausgebende Bank. Diese Verfahren werden heute bereits von einer Vielzahl von Payment Service Providern und Payment-Anbietern angeboten.

Als weiteres mögliches Zahlungssystem soll die **Smart-Card** genannt werden. Sie ähnelt einer Geldkarte, die aber im Vergleich zu einfachen Chip- oder Magnetkarten ein in sich geschlossenes System darstellt, das die Kontrolle darüber behält, welche Daten mittels eines Kartenlesegeräts abgerufen werden können.[35] Sie gewährt Anonymität und kann von Dritten nicht ohne Autorisierung verwendet werden. Allerdings erfordert eine Smart-Card ein Kartenlesegerät auf Konsumentenseite, mit dem eine Verbindung zum Internet hergestellt werden kann.

---

33 Vgl. Kollmann, T. (2007): *E-Business*, S. 236
34 Vgl. ebenda
35 Vgl. ebenda, S. 235

5.3.2.2.3 Internetzahlungsverfahren

Da es noch **keinen einheitlichen Standart für Zahlungssysteme** im Internet gibt[36], sollen im Folgenden die wichtigsten derzeit verfügbaren Optionen beschrieben werden:

Die **Internetzahlung via Intermediär** ist das am weitesten verbreitete Internetzahlungsverfahren und basiert darauf, dass ein Intermediär die Zahldaten erfasst und der Hersteller diese nicht direkt erhält. Die Abrechnung erfolgt gegenüber dem Endkunden meist über Kreditkarten-, Lastschriftverfahren oder die Telefonrechnung. Der Hersteller muss für diesen Dienst eine Intermediärsgebühr entrichten.

Online-Banking-Verfahren wie Giro Pay oder Sofortueberweisung.de funktionieren in Anlehnung an Home-Banking-Verfahren. Der Nutzer erhält ein vorausgefülltes Formular, welches er um seine Daten ergänzen und per TAN freigeben muss. Der Hauptvorteil liegt darin, dass die Überweisung schnell das Konto des Herstellers erreicht. Es ist davon auszugehen, dass dieses Verfahren mittel- bis langfristig das risikoreiche Lastschriftverfahren ersetzen kann.

Unter **Guthabenkarten** werden vorausbezahlte Karten verstanden, die einen Code für eine Bezahlung mit sich führen. Sie eignen sich eher für jüngere Zielgruppen.

5.3.2.3 Zahlungsverfahren im Vergleich

Die folgende Tabelle nennt sämtliche Vor- und Nachteile der jeweiligen Zahlungsverfahren aus Herstellersicht:

---

36 Kollmann, T. (2007): *E-Business*, S. 236

Tabelle 5.3　Bewertung von Zahlungsverfahren

Verfahren	Vorteile	Nachteile
Rechnungszahlung	▸ Weit verbreitet	▸ Risiko liegt beim Händler ▸ Keine Sicherheit bei Kunden ohne Bonitätsprüfung ▸ Zusätzliche Kosten durch Druck der Rechnung auf Papier und mögliche entstehende Mahnkosten
Nachnahme	▸ Weit verbreitet ▸ Kein Risiko des Zahlungsausfalls	▸ Risiko von Retouren (falsche Adresse, Nichtannahme) ▸ Zusammenarbeit mit externen Kooperationspartnern notwendig (Abrechnung, Logistik)
Lastschriftverfahren	▸ Beliebtestes Zahlungsverfahren bei Online-Endkunden ▸ Geringe Kosten ▸ Im Zuge der SEPA-Einführung europaweit einsetzbar ▸ Einfach in den E-Shop zu integrieren	▸ Einige Konsumenten haben Vorbehalte hinsichtlich der Datensicherheit ▸ Betrugsgefahr durch falsche Angaben ▸ Relativ hohe Kosten bei Rückbuchung ▸ Risikoreichstes Zahlungsverfahren ▸ Juristische Streitfrage, wann Einzugsermächtigung abgegeben wurde

Verfahren	Vorteile	Nachteile
Vorauskasse	▶ Kunde geht in Vorleistung ▶ Keine Bonitätsprüfung erforderlich ▶ Kein Forderungsausfall ▶ Keine Mahngebühren erforderlich	▶ Kunde muss länger als bei anderen Verfahren auf seine Ware warten. Dies kann zu Frustrationserlebnissen führen ▶ Bestimmung eines hausinternen Prozesses: laufende Rückmeldung der Geldeingänge vom Forderungsmanagement zur Warenlogistik ▶ Probleme in der genauen Zuordnung der Vorauszahlungen können auftreten
Kreditkarte	▶ Hohe Verbreitung ▶ Weltweit nutzbar ▶ Hohe Akzeptanz	▶ Möglicher Kreditkartenbetrug ▶ Vereinbarung mit einem Payment Service Provider erforderlich ▶ Kunde muss sich evtl. für 3-D-Secure-Verfahren freischalten, was bei nicht online-affinen Kunden schnell zu Abbrüchen führen kann
Internetzahlung via Intermediär (z.B. Pay-Pal)	▶ Abgesichertes Verfahren ▶ Günstiges Verfahren ▶ Weltweit verbreitet	▶ Hersteller erhält weniger Kundendaten, die er für Zwecke der Marktforschung benötigen kann ▶ Kunde wird evtl. auf Seite von Drittanbieter weitergeleitet, was zu Kaufabbrüchen führen kann ▶ Kaum Verbreitung im Bereich der Luxusgüter

Verfahren	Vorteile	Nachteile
Internetzahlung via Online-Banking (z.B. Giro Pay)	▶ Abgesichertes Verfahren ▶ Weltweiter Zugriff möglich ▶ Günstiges Verfahren ▶ Schnelle Zahlungseingänge	▶ Hersteller erhält weniger Kundendaten, die er für Zwecke der Marktforschung benötigen kann ▶ Kunde wird evtl. auf Seite von Drittanbieter weitergeleitet, was zu Kaufabbrüchen führen kann ▶ Kaum Verbreitung im Bereich der Luxusgüter
Internetzahlung via Guthabenkarten	▶ Zahlungsgarantie ▶ Weltweiter Zugriff möglich ▶ Abgesichertes Verfahren	▶ Etwas teureres Verfahren ▶ Kaum Verbreitung im Bereich der Luxusgüter

Quelle: eigene Darstellung, in Anlehnung an: Bitkom (2009), S. 37 ff.

Zusammenfassend lässt sich feststellen, dass es nicht „das" Payment-System gibt. Alle Zahlungsverfahren bieten Konsumenten und Herstellern spezifische Vor- und Nachteile. Aufgrund der hohen Preise von Luxusmode haben sich in diesem Bereich vor allem Zahlungsverfahren wie Kreditkarte und Vorkasse etabliert, da diese das Risiko eines Zahlungsausfalls auf Seiten des Herstellers gering halten. Zudem ist es durch Zahlung per Kreditkarte auch möglich, eine große internationale Zielgruppe zu erreichen. Zukünftig wird davon ausgegangen, dass Online-Banking-Verfahren wie Giro Pay oder Sofortueberweisung.de weiter an Bedeutung gewinnen. Eine weitere Vereinfachung des Zahlungsverkehrs im europäischen Raum soll in Zukunft durch die Verwirklichung der **SEPA** (Single Euro Payments Area) erreicht werden. Ziel ist ein einheitlicher Euro-Zahlungsverkehrsraum, der langfristig bei gleicher Sicherheit nicht mehr zwischen nationalen und grenzüberschreitenden europäischen Zahlungen unterscheidet.

Ein Zahlungsverfahren sollte jedoch nicht von vornherein aufgrund eines erhöhten Zahlungsausfallrisikos ausgeschlossen werden, da dies bestimmte Zielgruppen potenziell ausschließt. Vielmehr sollte darauf geachtet werden, wirtschaftliche und funktionierende **Riskmanagement-Systeme** aufzusetzen. Dazu zählen beispielsweise Adressprüfungsverfahren, eine Plausibilitäts- und Bonitätsprüfung oder das Scoring-Verfahren.

5.3.3 Empfehlungen für den Check-out

Oftmals brechen Konsumenten ihren Einkauf scheinbar grundlos vor Beendigung ab. In den meisten Fällen liegt dies jedoch nicht an der Sprunghaftigkeit oder Unentschlossenheit der Nutzer, sondern an konzeptionellen Schwächen des E-Shops. Die nachfolgende Auflistung soll Herstellern helfen, diese Fehler zu erkennen und zu vermeiden.[37]

- **Unverständliche Fehlermeldungen**: Fehlermeldungen sind wichtig, da sie Transparenz schaffen und Konsumenten bei der Fehlerbehebung unterstützen. Deshalb sollten sie einfach und klar formuliert werden, sodass sie auch für Nutzer ohne Programmierkenntnisse verständlich sind. Dies gilt besonders für den sensiblen Check-out-Prozess, wo vertrauliche Informationen wie Girodaten abgefragt werden. Der Nutzer muss wissen, dass der E-Shop des Herstellers sicher und vertrauenswürdig ist.
- **Vorauswahl des falschen Kreditkartentyps**: Eine Vorauswahl ist in den meisten Fällen hinderlich, da sie oft übersehen wird. Dies führt zu Fehlermeldungen. Daher sollten Nutzer ihren Kreditkartentyp aktiv selbst bestimmen.
- **Zusätzliche Buttons**: Buttons wie „Zurück zum Shop" oder „Einkauf abbrechen" verleiten Konsumenten geradewegs dazu, den Einkaufsprozess zu unterbrechen und sollten daher vermieden werden.
- **Up- und Cross-Selling**: Diese Themen sind an anderer Stelle wesentlich besser aufgehoben. Innerhalb des Check-out-Prozesses soll der Nutzer nicht durch weitere Reize überfordert oder abgelenkt werden.

---

37 Vgl. ibusiness: www.ibusiness.de, Zugriff am 08.09.2009

- **Unnötige Disclaimer**: Warnhinweise, die den Nutzer zum Beispiel darauf hinweisen, dass er den Senden-Button nicht mehr als einmal betätigen darf, damit die Bestellung nicht zweimal abgeschickt wird, verunsichern mehr als zu helfen. Gleiches gilt für Disclaimer wie „Diese Seite enthält unsichere Elemente", der erscheint, wenn sichere „https-Seiten" Elemente wie Javascript enthalten. Statt Disclaimer zu verwenden, die Unsicherheit erzeugen, sollte die Usability verbessert werden.
- **Nur eine Zahlungsart**: Je mehr Zahlungsarten zur Auswahl stehen, umso eher sind Nutzer bereit, den Check-out-Prozess fortzusetzen.
- **Kosten verbergen:** Kosten müssen immer transparent kommuniziert werden. Finden sich auf der Bestellübersicht auf einmal zusätzliche Kosten für Geschenkverpackungen, die zuvor nicht angegeben wurden, kann dies zu einem Abbruch des Check-out-Prozesses führen.
- **Keine Servicetelefonnummer**: Im Bereich der Luxusmode geht es bei einem Einkauf um hohe Geldbeträge. Ist ein Nutzer plötzlich unsicher, weil er nicht mehr genau in Erinnerung hat, welche Pflege ein Artikel benötigt, wird er den Kaufprozess unterbrechen. Eine Servicetelefonnummer sollte daher während des gesamten Check-out-Prozesses angegeben werden.
- **Artikel nicht verfügbar:** Die Information, ob ein Artikel verfügbar und lieferbar ist, muss erfolgen, bevor ein Nutzer diesen in seinen Warenkorb legt und nicht erst am Ende des Bestellprozesses.
- **Einkauf bestätigen**: Am Ende des Check-out-Prozesses sollten Nutzer die Information erhalten, dass die Bestellung eingegangen ist und bearbeitet wird. Eine „Weiterempfehlen-Funktion" bietet die Möglichkeit, die Kundenbeziehung zu intensivieren.

5.3.4 Liefer- und Verpackungspolitik

Grundsätzlich sind **kurze Lieferzeiten**, also die Zeitspanne vom Eingang der Bestellung bis zur Auslieferung der Ware, als Erfolgsfaktor anzusehen.[38] Der branchenübliche Richtwert liegt bei 48 Stunden

---

38 Vgl. Wirtz, B.W. (2008): Multi-Channel-Marketing, S. 68

für einen nationalen Standardversand. Zusätzlich sollte jedoch auch die Option eines Expressversandes angeboten werden, der eine Lieferung innerhalb von 24 Stunden vorsieht. Ein **globaler Versand** von Luxusmode, der sämtliche geografische Gebiete erfasst, bietet sich durch die internationale Kundschaft an. Allerdings sind die Mehrkosten für diesen Service nicht unerheblich und sollten erst ab einem bestimmten Auftragsvolumen eingesetzt werden.[39]

Für die Distribution von Luxusmode eignet sich eine Kooperation mit **KEP-Diensten**[40] (Kurier-, Express-, Paketdienste), die an das Warenwirtschaftssystem bzw. an die Shop-Software angeschlossen werden. So versendet Louis Vuitton die Accessoires und Taschen seines europäischen E-Shops von dem Firmensitz in Paris in Kooperation mit FedEx, die eine Lieferung innerhalb von 48 Stunden garantieren.[41] Für die anderen Märkte existieren Logistikzentren in Asien und den USA.[42] Die **Shipping-Costs** müssen durch den Hersteller schon vor der Bestellung transparent kommuniziert werden, um Konsumenten einen besseren Überblick über zusätzliche Kosten zu geben.[43] In der Regel ist eine Express-Lieferung mit höheren Kosten verbunden als eine Standardlieferung. Da der Kauf von Luxusmode mit einem erhöhten Investment der Konsumenten verbunden ist, übernehmen Hersteller in der Regel die anfallenden Kosten einer Standardlieferung. So sollte die durch den Kunden vorgenommene Rationalisierung der hohen Einkaufskosten nicht durch ebenfalls hohe Lieferkosten zerstört werden.[44]

Durch das Merkmal der Einzigartigkeit kann bei Luxusmode allerdings auch eine höhere Wartebereitschaft bestehen. Je geringer die Präsenz einer Marke im Markt ist, desto eher sind Konsumenten bereit, lange Lieferzeiten zu tolerieren, da dies die Exklusivität der Modelle ausdrückt.[45] In diesen Fällen kann die Liefertreue, die Übereinstimmung des zugesagten und tatsächlichen Liefertermins,

---

39 Vgl. Magerhans, A. (2005): Kundenzufriedenheit im Electronic Commerce, S. 234
40 Vgl. Kollmann, T. (2007): *E-Business*, S. 201
41 Vgl. Gallot, J.M. (2008): *Wir haben keine Angst vorm Internet*, in Textilwirtschaft, Nr. 16, 17. April 2008, S. 34 f.
42 Ebenda
43 Vgl. Nielsen, J., u.a. (2001): *E-Commerce User Experience,* S. 31
44 Vgl. Kisabaka, L. (2001): *Marketing für Luxusprodukte*, S. 238
45 Vgl. ebenda, S. 237

vor dem Faktor Schnelligkeit stehen. Ein Mehrwert kann durch eine **E-Tracking-Funktion** geschaffen werden. Diese erlaubt die Bestellüberwachung und gewährt dem Konsumenten so einen permanenten Einblick in den Status der Bestellung.

Neben der Möglichkeit, die Versandart frei zu wählen, sollte der Nutzer ebenfalls verschiedene **Verpackungsoptionen** angeboten bekommen. Neben einer Geschenkverpackung, die besonders hochwertig gestaltet werden sollte, um das exklusive Markenempfinden beim Empfang der Ware zu unterstützen, sollte zusätzlich auch eine neutrale Verpackungsvariante angeboten werden. Insbesondere Kunden, die Warenlieferungen an ihrem Arbeitsplatz entgegennehmen, wissen diesen Service sehr zu schätzen, da sie so einem möglichen „Sozialneid" entgehen. Eine unterschiedliche Verpackung von Sales-Order und regulären Bestellungen sollte vermieden werden, da es einen Teil der Artikel in der Wahrnehmung des Konsumente herunterstuft.

5.3.5 After-Sales-Service

Neben der reinen Produktleistung spielt gerade im Bereich der Luxusmode der After-Sales-Service eine wichtige Rolle für die wahrgenommene Qualität. Daher sollte auf begleitende Serviceleistungen Wert gelegt werden, die ein geeignetes Mittel sind, um den Wert des Produkts zu demonstrieren und eine Profilierung gegenüber dem Wettbewerb zu erreichen.[46] Alles, was im Rahmen einer „normalen" Marke als Extra angeboten oder zusätzlich berechnet wird, gehört bei einer Luxusmarke zur Grundausstattung, da hier die Extras zum Gewöhnlichen gehören.[47]

So bieten viele Hersteller, die bereits einen E-Shop für Luxusmode betreiben, einen **Customer-Care-Service** an, der Kunden durch geschulte Berater im Bestellprozess unterstützt und auch Fragen zu Passform und Trageanlass einzelner Produkte beantwortet. Neben einer Hotline gehen einige Marken, wie z.B. Luxusbabe, inzwischen dazu über, auch einen „Experten-Chat" anzubieten, der in Echtzeit auf die Anfragen von Kunden reagieren kann. Je umgehender und un-

---

46 Vgl. Kisabaka, L. (2001): *Marketing für Luxusprodukte*, S. 90
47 Kapferer, J.-N. (2001): *Luxusmarken*, S. 357 in: Esch, F.-R. (Hrsg.): Moderne Markenführung

komplizierter der Support von Seiten des E-Shops erfolgt, desto besser fühlen Kunden sich betreut, was sich entsprechend positiv auf die Marke auswirkt.

Abbildung 5.19   Kundenservice durch Chat-Funktion

Quelle: Luxusbabe: http://www.luxusbabe.de/newsblog.759.html, Zugriff am 24.04.2010

Von besonderer Bedeutung ist in diesem Zusammenhang das **Retouren- und Beschwerdemanagement**. Es ist mit kognitiven Dissonanzen des Kunden zu rechnen, wenn nach dem Kauf der Produkts auftretende Probleme nicht kulant behandelt werden. Sind Retouren zudem mit einem hohen Aufwand für den Kunden verbunden, kann sich dies negativ auf die Kaufentscheidung auswirken.[48] Die meisten Hersteller bieten deshalb eine kostenlose Rücknahme der Ware oder einen Umtausch an.

Der Aspekt, online gekaufte Waren auch stationär zu returnieren, stellt zwar einen besonderen Service am Kunden dar – so weiß man beispielsweise, dass etwa die Hälfte aller Konsumenten, die den E-Shop von Louis Vuitton nutzen, in direkter Umgebung eines stationären Stores wohnen[49] – und treibt die Vernetzung von On- und

---

48 Vgl. Kollmann, T. (2007): *E-Business*, S. 238
49 Vgl. Gallot, J.M. (2008): *Wir haben keine Angst vorm Internet*, in Textilwirtschaft, Nr. 16, 17. April 2008, S. 34

Offline-Kanälen deutlich voran, ist jedoch auch mit erheblichen Koordinationsaufwendungen verbunden. Dennoch kann dieser Service zukünftig einen strategischen Marktvorteil für einzelne Hersteller bedeuten. Für Kunden ist es zunächst irrelevant, ob sie ihre Artikel online oder offline gekauft haben, da in beiden Fällen ein und dieselbe Marke hinter dem Prozess steht. Nimmt der stationäre Shop im Falle einer Retoure nicht die im herstellereigenen E-Shop bestellte Ware zurück, wirkt sich dies zumeist nicht negativ auf den jeweiligen Store im Speziellen, sondern auf die Marke im Ganzen aus. Im Rahmen einer Multi-Channel-Strategie sollte dieser Aspekt daher kritisch überprüft werden.

Neben dem Retourenmanagement zählt auch ein professionelles **Beschwerdemanagement** zu den wichtigen Servicebausteinen eines E-Shops und hilft dem Hersteller dabei, die eigenen Leistungen zu verbessern.[50]

Die Frage, ob der Customer-Care durch den Hersteller selbst oder von einem Drittanbieter übernommen werden soll, hängt von der Finanzkraft des Herstellers, seiner Bereitschaft, Verantwortung zu übergeben und der zu leistenden Kompetenz des Drittanbieters ab. Um höchstmögliche Kundenzufriedenheit zu erzielen, muss in beiden Fällen ein hochwertiger Service sichergestellt werden.[51]

5.4 Zusatzfunktionen in E-Shops

Um das Einkaufserlebnis angenehmer und leichter zu gestalten, spielen neben grundlegenden Funktionalitäten vor allem Zusatzfunktionen eine wichtige Rolle.

Send-a-friend- oder Wunschzettelfunktionen konnten sich bereits in anderen Segmenten des B2C-E-Commerce etablieren und bieten Kunden die Möglichkeit, Waren für einen späteren Einkauf zu speichern und diese als Liste an Dritte zu versenden. Die Integration eines permanenten Wunschzettels kann über den einmaligen Besuch des Users hinaus die Kundenbindung sowie die Abverkaufswahrschein-

---

50 Vgl. Kollmann, T. (2007): *E-Business*, S. 201
51 Vgl. Kisabaka, L. (2001): *Marketing für Luxusprodukte*, S. 241

lichkeit erhöhen. Dabei muss jedoch klar kommuniziert werden, dass Wunschzettel keine Reservierungslisten sind, die Konsumenten Verfügbarkeit auf Abruf garantieren. Valentino ermöglicht seinen Nutzern zusätzlich eine **E-Mail-Benachrichtigung**, bevor der gewünschte Artikel vergriffen ist. Denkbar ist allerdings auch eine Benachrichtigung, wenn ein ausverkaufter NOS-Artikel wieder verfügbar ist.

Abbildung 5.20 E-Shop Valentino Wunschzettel

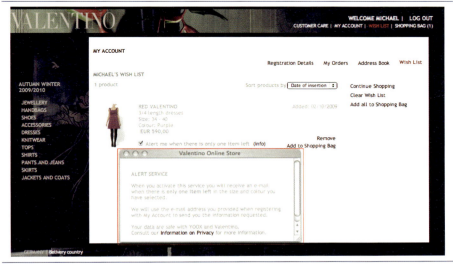

Quelle: Valentino: http://www.valentino.com, Zugriff am 02.10.2009

5.4.1 Zusätzlicher Content

Der Einsatz von zusätzlichem **Editorial Content** wie Videos mit Hintergrundinformationen zu Produkten, Designern oder dem Hersteller kann die Stickiness des E-Shops durch **Entertainment** erhöhen und eine stärkere Immersion bzw. ein umfassenderes Markenerlebnis hervorrufen. Außerdem steigern zusätzliche Inhalte die Suchmaschinen-Relevanz des E-Shops. Allerdings sollte das Einbinden von Editorial-Content die Usability des E-Shops nicht einschränken oder zu stark vom eigentlichen Shopping-Erlebnis ablenken. Alexander McQueen bietet in seinem E-Shop eine ausgewogene Mischung aus Shopping-Erlebnis und zusätzlichen Inhalten.

Abbildung 5.21   E-Shop Alexander McQueen Editorial Content

Quelle: Alexander McQueen: http://www.alexandermcqueen.com, Zugriff am 02.10.2009

5.4.2 Artikelbewertungen durch Nutzer

Trotz standardisierter Größen können die Passformen der jeweiligen Artikel stark differieren. Der Multibrand-Online-Retailer Revolve Clothing kombiniert seinen **Fitting-Guide** daher mit den Interaktionsmöglichkeiten des Medium Internet und gestattet Nutzern, die Angaben über Artikelpassformen zu bewerten und zu kommentieren. Kundenbewertungen und Kundenkommentare können eine wichtige Funktion darstellen, da Bewertungen durch andere Kunden Orientierung schaffen und dabei helfen können, die Retourenquote zu senken und das Vertrauen in die Marke oder den E-Shop zu stärken. Die Umschlagshäufigkeit von Kollektionen ist im Luxussegment im Allgemeinen jedoch zu hoch, als dass diese Funktion einen tatsächlichen Mehrwert stiften könnte. Ausnahmen stellen NOS-Artikel dar. An dieser Stelle muss jedoch geklärt werden, wie mit negativem Feedback umgegangen werden soll. Grundsätzlich kann negatives Feedback dazu führen, dass Kunden den Kaufprozess vorzeitig abbrechen, da sie die subjektive Meinung anderer abschreckt. Werden negative Kommentare allerdings gelöscht, droht dem Hersteller der Verlust von Authentizität und Glaubwürdigkeit, da er nur offen für „positives Lob" zu sein scheint.

Abbildung 5.22   E-Shop Revolve Clothing Fitting-Guide-Bewertung

Quelle: Revolve Clothing: http://www.revolveclothing.com, Zugriff am 04.11.2008

Insgesamt lässt sich derzeit beobachten, dass die Bedeutung des **Social Commerce**, also der aktive Empfehlungshandel von Kunden untereinander, weiter wächst. Dazu haben insbesondere Soziale Netzwerke wie Facebook beigetragen, die durch die Integration von „Like"-Buttons Sympathisanten der Marke die Möglichkeit bieten, ihre Entdeckungen mit ihrem Netzwerk zu teilen und sich Meinungen von Dritten einzuholen.

5.4.3   Individualisierung und Personalisierung

Der Wunsch, etwas Einzigartiges zu besitzen, ist bei vielen Konsumenten von Luxusmode sehr ausgeprägt. Der Trend der **Mass-Customization**[52], also der Gestaltung einzelner Produkte oder Produktkomponenten nach dem persönlichen Geschmack des Konsumenten, tritt diesem Bedürfnis auf digitaler Ebene entgegen. Nachdem Hersteller wie z.B. Nike mit „Nike-iD" ihren Kunden den Service anbieten, eigene Turnschuhe zu gestalten, finden sich auch im Luxussegment zu-

---

52 Zum Begriff Mass-Customization vgl. Kotler, P. / Keller, K. L. / Bliemel, F. (2007): *Marketing Management*, S. 361 ff.

nehmend mehr Beispiele der individuellen Produktanpassung. So bietet Louis Vuitton Nutzern die Personalisierung spezieller Accessoires an, und Anya Hindmarch offeriert die Möglichkeit, Taschen individuell zu gestalten.

Abbildung 5.23   E-Shop Anya Hindmarch Mass-Customization

Quelle: Anya Hindmarch: http://www.anyahindmarch.com, Zugriff am 30.10.2008

5.5 Lessons Learned

Grundsätzlich ist festzuhalten, dass **kein Standardkonzept** für E-Shops im Bereich der Luxusmode existiert, das als optimale Lösung betrachtet werden kann und Anwendern in jedem Fall Erfolg garantiert. Es existiert vielmehr eine Reihe von Faktoren, die den quantitativen und qualitativen Erfolg positiv beeinflussen können:

▶ Die **visuelle Gestaltung** des E-Shops, die sich konform in den Markenauftritt eingliedern lässt, typische Markencharakteristika besitzt und somit den Anforderungen der Nutzer standhält.

- Eine **gute Usability**, die sich in einfacher Bedienbarkeit und intuitiver Navigation widerspiegelt und den Nutzer innerhalb weniger Klicks zu einem erfolgreichen Check-out führt. Den Kosten der Usability steht ein verhältnismäßig hoher Return on Investment entgegen.[53]
- **Schnelle Lade- und Übertragungszeiten**, die einen direkten Zugriff auf das Produktsortiment ermöglichen.
- Eine **ansprechende Warenpräsentation**, die die Lücke zur fehlenden Haptik durch eine umfassende Visualisierung und geeignetes Texting verkleinert.
- Weitgehend **automatisierte Bestellsysteme**, die eine Personalisierung der Nutzeransprache zulassen und den Kaufprozess stringent begleiten.
- **Sicherheit**, insbesondere bei der Übermittlung vertraulicher Konto- und Kreditkartendaten.
- Ein umfassender **kanalübergreifender Service** in allen Phasen des Kaufprozesses, der besonders im Segment der Luxusmode als Differenzierungsmerkmal zu betrachten ist. Obwohl stationärer Verkauf und Online-Verkauf jeweils spezifische Konzepte erfordern, trägt eine Integration der beiden Kanäle im Rahmen einer Multi-Channel-Strategie dazu bei, die Markenloyalität des Kunden zu steigern.
- **Zusätzliche Mehrwerte**, die den positiven Kontakt des Nutzers mit dem E-Shop verlängern, können zum Beispiel durch weiteren Content geschaffen werden, dürfen aber nicht zu stark vom eigentlichen Einkaufserlebnis ablenken.
- Die **Interaktionsmöglichkeiten**, die das Medium Internet bietet, werden weiter an Bedeutung gewinnen.
- Da sich die meisten E-Shops für Luxusmode noch in der frühen Entwicklungsphase befinden, gibt es hier noch viel Optimierungsbedarf und Verbesserungspotenzial. Nicht das Medium Internet, sondern der Hersteller von Luxusmode selbst prägt durch seinen Auftritt die Wahrnehmung der Marke innerhalb der Zielgruppe.

---

53 Vgl. Nielsen, J., u.a. (2001): *E-Commerce User Experience*, S. 23

6. Benchmarking von E-Shops

Im folgenden Abschnitt werden 20 E-Shops aus dem Bereich der Luxusmode bewertet. Dabei werden jeweils die Start- und die Produktdetailsseite des E-Shops anhand der fünf Usability-Qualitätskriterien nach Jacob Nielsen überprüft:

- **Erlernbarkeit:** „Wie einfach findet sich ein (Erst-)Benutzer zurecht?"
- **Effizienz:** „Wie schnell kommt man zum Ziel?"
- **Erinnerbarkeit:** „Wie einprägsam ist die Gestaltung?"
- **Fehler:** „Wie fehlerrobust ist das System?
- **Zufriedenheit:** „Macht die Benutzung der Seite Spaß?

Zudem wurden die Kriterien Look & Feel (Design und Markenanmutung), Übersicht und Struktur des Angebots, Such- und Filterfunktionen sowie die Einbindung von Social-Media-Elementen untersucht. Mit letzterem Kriterium wurde analysiert, ob es eine direkte Verknüpfung des E-Shops mit einer Social-Media-Plattform wie z.B. Facebook oder Twitter gibt.

Die Beurteilung erfolgt anhand der folgenden Symbolik:

++	Sehr gut
+	gut
o	verbesserungsfähig
–	nicht vorhanden (trotz „Gewohnheitsrecht" der Kunden)
– –	schlecht gelöst

6.1 Jil Sander

| Abbildung 6.1 | Startseite Jil Sander |

Look & Feel	Übersicht / Struktur	Usability	Filter/Suche	Social-Media-Einsatz
+	0	0	–	–

Quelle: http://store.jilsander.com, Zugriff: 03.10.2009

| Abbildung 6.2 | Produktdetailseite Jil Sander |

Look & Feel	Übersicht / Struktur	Usability	Filter/Suche	Social-Media-Einsatz
0	+	0	– –	+

Quelle: http://store.jilsander.com, Zugriff: 03.10.2009

6.2 Alexander Wang

Abbildung 6.3   Startseite Alexander Wang

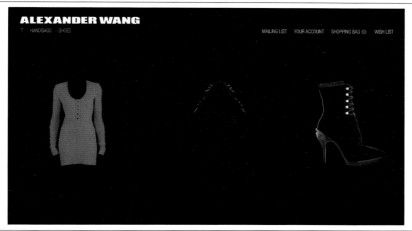

Look & Feel	Übersicht / Struktur	Usability	Filter/Suche	Social-Media-Einsatz
+	0	0	– –	– –

Quelle: http://shop.alexanderwang.com/shop, Zugriff: 03.10.2009

Abbildung 6.4   Produktdetailseite Alexander Wang

Look & Feel	Übersicht / Struktur	Usability	Filter/Suche	Social-Media-Einsatz
– –	+	–	–	– –

Quelle: http://shop.alexanderwang.com/shop, Zugriff: 03.10.2009

6.3 Bally

Abbildung 6.5 Startseite Bally

Look & Feel	Übersicht / Struktur	Usability	Filter/Suche	Social-Media-Einsatz
+	+	0	–	– –

Quelle: http://www.bally.com, Zugriff: 03.10.2009

Abbildung 6.6 Produktdetailseite Bally

Look & Feel	Übersicht / Struktur	Usability	Filter/Suche	Social-Media-Einsatz
0	+	0	0	– –

Quelle: http://www.bally.com, Zugriff: 03.10.2009

6.4 Burberry

Abbildung 6.7   Startseite Burberry

Look & Feel	Übersicht / Struktur	Usability	Filter/Suche	Social-Media-Einsatz
+ +	+	+	0	− −

Quelle: http://www.burberry.de/pws/Home.ice, Zugriff: 03.10.2009

Abbildung 6.8   Produktdetailseite Burberry

Look & Feel	Übersicht / Struktur	Usability	Filter/Suche	Social-Media-Einsatz
+	+ +	+	− −	+ +

Quelle: http://www.burberry.de/pws/Home.ice, Zugriff: 03.10.2009

6.5 Gucci

Abbildung 6.9 Startseite Gucci

Look & Feel	Übersicht / Struktur	Usability	Filter/Suche	Social-Media-Einsatz
+	+	+	0	– –

Quelle: http://www.gucci.com, Zugriff: 03.10.2009

Abbildung 6.10 Produktdetailseite Gucci

Look & Feel	Übersicht / Struktur	Usability	Filter/Suche	Social-Media-Einsatz
0	0	–	–	0

Quelle: http://www.gucci.com, Zugriff: 03.10.2009

6.6 Hugo Boss

Abbildung 6.11 Startseite Hugo Boss

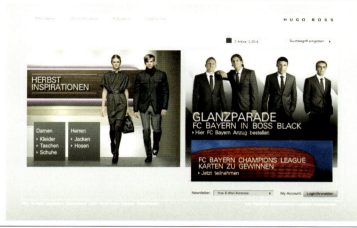

Look & Feel	Übersicht / Struktur	Usability	Filter/Suche	Social-Media-Einsatz
+ +	+ +	+	+	– –

Quelle: http://www.hugoboss-store.de, Zugriff: 03.10.2009

Abbildung 6.12 Produktdetailseite Hugo Boss

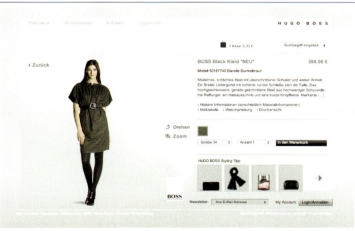

Look & Feel	Übersicht / Struktur	Usability	Filter/Suche	Social-Media-Einsatz
+ +	+ +	+	–	+

Quelle: http://www.hugoboss-store.de, Zugriff: 03.10.2009

6.7 Emilio Pucci

Abbildung 6.13 Startseite Emilio Pucci

Look & Feel	Übersicht / Struktur	Usability	Filter/Suche	Social-Media-Einsatz
+	0	0	0	– –

Quelle: http://www.emiliopucci.com, Zugriff: 03.10.2009

Abbildung 6.14 Produktdetailseite Emilio Pucci

Look & Feel	Übersicht / Struktur	Usability	Filter/Suche	Social-Media-Einsatz
0	0	0	0	+

Quelle: http://www.emiliopucci.com, Zugriff: 03.10.2009

6.8 Valentino

Abbildung 6.15   Startseite Valentino

Look & Feel	Übersicht / Struktur	Usability	Filter/Suche	Social-Media-Einsatz
0	–	0	+	+

Quelle: http://www.valentino.com, Zugriff: 03.10.2009

Abbildung 6.16   Produktdetailseite Valentino

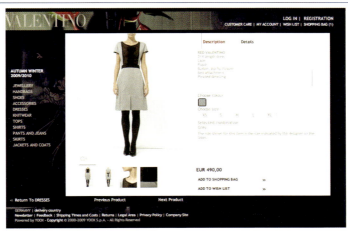

Look & Feel	Übersicht / Struktur	Usability	Filter/Suche	Social-Media-Einsatz
0	+	0	0	+

Quelle: http://www.valentino.com, Zugriff: 03.10.2009

6.9 Anne Klein

Abbildung 6.17   Startseite Anne Klein

Look & Feel	Übersicht / Struktur	Usability	Filter/Suche	Social-Media-Einsatz
+	0	+	0	− −

Quelle: http://www.anneklein.com, Zugriff: 03.10.2009

Abbildung 6.18   Produktdetailseite Anne Klein

Look & Feel	Übersicht / Struktur	Usability	Filter/Suche	Social-Media-Einsatz
−	0	0	− −	0

Quelle: http://www.anneklein.com, Zugriff: 03.10.2009

6.10 Alexander McQueen

Abbildung 6.19 Startseite Alexander McQueen

Look & Feel	Übersicht / Struktur	Usability	Filter/Suche	Social-Media-Einsatz
+	0	+	– –	– –

Quelle: http://www.alexandermcqueen.com, Zugriff: 03.10.2009

Abbildung 6.20 Produktdetailseite Alexander McQueen

Look & Feel	Übersicht / Struktur	Usability	Filter/Suche	Social-Media-Einsatz
+	+ +	0	0	0

Quelle: http://www.alexandermcqueen.com, Zugriff: 03.10.2009

6.11 Armani

Abbildung 6.21   Startseite Armani

Look & Feel	Übersicht / Struktur	Usability	Filter/Suche	Social-Media-Einsatz
– –	–	–	– –	– –

Quelle: http://armanicollezioni.neimanmarcus.com, Zugriff: 03.10.2009

Abbildung 6.22   Produktdetailseite Armani

Look & Feel	Übersicht / Struktur	Usability	Filter/Suche	Social-Media-Einsatz
–	– –	+	+ +	– –

Quelle: http://armanicollezioni.neimanmarcus.com, Zugriff: 03.10.2009

6.12 Oscar de la Renta

Abbildung 6.23 Startseite Oscar de la Renta

Look & Feel	Übersicht / Struktur	Usability	Filter/Suche	Social-Media-Einsatz
+	+	+	- -	- -

Quelle: http://www.oscardelarenta.com, Zugriff: 03.10.2009

Abbildung 6.24 Produktdetailseite Oscar de la Renta

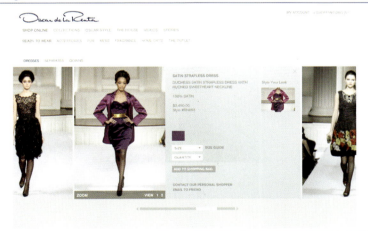

Look & Feel	Übersicht / Struktur	Usability	Filter/Suche	Social-Media-Einsatz
-	- -	-	+ +	- -

Quelle: http://www.oscardelarenta.com, Zugriff: 03.10.2009

6.13 Diane von Furstenberg

Abbildung 6.25 Startseite Diane von Furstenberg

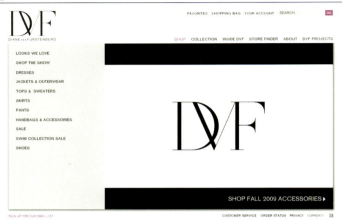

Look & Feel	Übersicht / Struktur	Usability	Filter/Suche	Social-Media-Einsatz
+	+ +	+	0	+ +

Quelle: http://www.dvf.com, Zugriff: 03.10.2009

Abbildung 6.26 Produktdetailseite Diane von Furstenberg

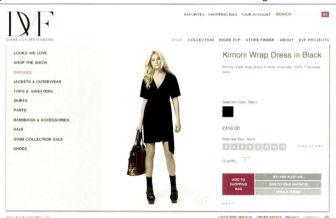

Look & Feel	Übersicht / Struktur	Usability	Filter/Suche	Social-Media-Einsatz
+	+	0	0	+

Quelle: http://www.dvf.com, Zugriff: 03.10.2009

6.14 Michael Kors

Abbildung 6.27 Startseite Michael Kors

Look & Feel	Übersicht / Struktur	Usability	Filter/Suche	Social-Media-Einsatz
0	–	–	+	+

Quelle: http://www.michaelkors.com, Zugriff: 03.10.2009

Abbildung 6.28 Produktdetailseite Michael Kors

Look & Feel	Übersicht / Struktur	Usability	Filter/Suche	Social-Media-Einsatz
–	–	0	+	–

Quelle: http://www.michaelkors.com, Zugriff: 03.10.2009

6.15 Moschino

Abbildung 6.29   Startseite Moschino

Look & Feel	Übersicht / Struktur	Usability	Filter/Suche	Social-Media-Einsatz
+	0	–	– –	– –

Quelle: http://www.moschinoboutique.com, Zugriff: 03.10.2009

Abbildung 6.30   Produktdetailseite Moschino

Look & Feel	Übersicht / Struktur	Usability	Filter/Suche	Social-Media-Einsatz
+	+	0	0	+

Quelle: http://www.moschinoboutique.com, Zugriff: 03.10.2009

6.16 Nicole Farhi

Abbildung 6.31 Startseite Nicole Farhi

Look & Feel	Übersicht / Struktur	Usability	Filter/Suche	Social-Media-Einsatz
0	0	–	0	0

Quelle: http://www.nicolefarhi.com/index.htm, Zugriff: 03.10.2009

Abbildung 6.32 Produktdetailseite Nicole Farhi

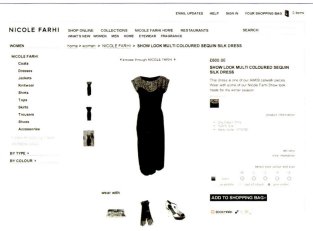

Look & Feel	Übersicht / Struktur	Usability	Filter/Suche	Social-Media-Einsatz
0	0	+	0	+

Quelle: http://www.nicolefarhi.com/index.htm, Zugriff: 03.10.2009

6.17 D&G

Abbildung 6.33 Startseite D&G

Look & Feel	Übersicht / Struktur	Usability	Filter/Suche	Social-Media-Einsatz
+	0	0	+ +	+

Quelle: http://store.dolcegabbana.com, Zugriff: 03.10.2009

Abbildung 6.34 Produktdetailseite D&G

Look & Feel	Übersicht / Struktur	Usability	Filter/Suche	Social-Media-Einsatz
0	0	0	–	– –

Quelle: http://store.dolcegabbana.com, Zugriff: 03.10.2009

6.18 Marni

Abbildung 6.35 Startseite Marni

Look & Feel	Übersicht / Struktur	Usability	Filter/Suche	Social-Media-Einsatz
0	0	0	–	– –

Quelle: http://www.marni.com, Zugriff: 03.10.2009

Abbildung 6.36 Produktdetailseite Marni

Look & Feel	Übersicht / Struktur	Usability	Filter/Suche	Social-Media-Einsatz
0	0	–	–	0

Quelle: http://store.dolcegabbana.com, Zugriff: 03.10.2009

6.19 L.K. Bennett

Abbildung 6.37   Startseite L.K. Bennett

Look & Feel	Übersicht / Struktur	Usability	Filter/Suche	Social-Media-Einsatz
+	+	+	−	− −

Quelle: http://www.lkbennett.com, Zugriff: 03.10.2009

Abbildung 6.38   Produktdetailseite L.K. Bennett

Look & Feel	Übersicht / Struktur	Usability	Filter/Suche	Social-Media-Einsatz
0	+	−	0	+

Quelle: http://www.lkbennett.com, Zugriff: 03.10.2009

6.20 Stella McCartney

Abbildung 6.39 Startseite Stella McCartney

Look & Feel	Übersicht / Struktur	Usability	Filter/Suche	Social-Media-Einsatz
+	0	0	0	– –

Quelle: http://www.stellamccartney.com, Zugriff: 03.10.2009

Abbildung 6.40 Produktdetailseite Stella McCartney

Look & Feel	Übersicht / Struktur	Usability	Filter/Suche	Social-Media-Einsatz
0	0	+	–	+

Quelle: http://www.stellamccartney.com, Zugriff: 03.10.2009

6.21 Auswertung

Die Untersuchung von 20 E-Shops von Luxusmode-Herstellern zeigt durchwachsene Ergebnisse:

- Der Einstieg in den E-Shop, teilweise ausgehend von Markenpräsenzen, ist noch nicht optimal. Am besten bewertet wurden Luxusmarken, deren Hauptseite den direkten Einstieg in den E-Shop darstellt.
- Such- und Filterfunktionen (Shop by Size, Colour, Style, Designer) werden trotz ihrer wichtigen Bedeutung für eine einfache Shop-Navigation von vielen Herstellern vernachlässigt.
- Cross-Selling-Vorschläge sind leider noch kein Grundbestandteil aller E-Shops. Die Möglichkeit, zusätzliche Umsätze zu erzielen, wird dadurch verschenkt.
- Die wenigsten der untersuchten Shops bieten einen Customer-Care-Service, der Usern bei Fragen und Problemen zur Verfügung steht.
- Detailinformationen, wie beispielsweise Pflegehinweise, fehlen beim Großteil der untersuchten E-Shops. Ein Umstand, der umso mehr erstaunt, als es sich hier um teuere Stoffe mit außergewöhnlichen Anforderungen an die Pflege handelt.
- Obwohl einige der untersuchten Marken eine Präsenz auf Facebook oder Twitter besitzen und dort eine Vielzahl von Markeninteressierten mit Content versorgen, verweist kaum einer der Hersteller auf seine Präsenz im Social Web. Ein anschauliches Beispiel bietet Diane von Furstenberg (www.dvf.com): Facebook und Twitter werden optimal eingebunden und mit den bestehenden sozialen Netzwerken des Nutzers verwoben.

7. Erfolg und Erfolgsmessung

Die zentrale Grundannahme der Erfolgsfaktorenforschung ist, dass trotz Mehrdimensionalität und Multikausalität des Gesamtunternehmenserfolges einige **wenige zentrale Determinanten** existieren, die den Grad des Erfolgs eines Unternehmens oder einer strategischen Planungseinheit langfristig bestimmen.[1] Dabei führt die Definition des Erfolgsbegriffs in der Wissenschaft zu zahlreichen **kontroversen Meinungen**[2] und kann weiter gefasst werden als der Erreichungsgrad der mit der Geschäftstätigkeit verbundenen Ziele.

Neben ökonomischen Zielen wie der Steigerung von Umsatz, Gewinn und Marktanteilen spielen bei der Implementierung eines E-Shops im Bereich der Luxusmode auch außerökonomische Faktoren wie die Vertiefung der Kundenbeziehungen oder die Pflege des Markenimage eine wichtige Rolle. Trotz ihrer Bedeutung in der strategischen Zielplanung lassen sich außerökonomische Faktoren meist jedoch nur indirekt ermitteln.

7.1 Erfolgskennzahlen

Grundsätzlich existiert eine Vielzahl relevanter **Kennzahlen**, die sich zur Messung des Erfolgs eines E-Shops eignen. Eine Auswahl der wesentlichen Kennzahlen, die der Erfolgsmessung eines E-Shops im Bereich der Luxusmode dienen, findet sich in der folgenden Abbildung. Eine nähere Beschreibung ausgewählter Kennzahlen befindet sich im Anhang.

---

1 Vgl. Hoffmann, F. (1986): *Kritische Erfolgsfaktoren*, in: ZfbF, Heft 10/1986, S. 832
2 Vgl. Koschate, J. (2004): Methoden und Vorgehensmodelle zur strategischen Planung von Electronic Business Anwendungen, S. 97

Abbildung 7.1   Übersicht Kennzahlen für E-Shops

Technikkennzahlen

Page Impression
Nutzungsverlauf
Systemverfügbarkeit
Fehlerquote
Browser- und Betriebssystem

Kundenkennzahlen

Prozessübergreifende Kennzahlen

Identifikationskennzahlen	Kundenkennzahlen
Session One-Click-Session Session Visit / Visit Tracked, Single und Repeat Visitor Identified Visitor Käufer One-Click-Quote	Verweildauer Besuchstiefe Besuchshäufigkeit Kaufhäufigkeit Clicks-to-Purchase Conversion Rate

Phasenspezifische Kennzahlen

Informationsphase	Vereinbarungsphase
Eingangsseiten Externer Referrer (allgemein) Suchmaschinen Suchworte (extern) Suchworte (intern) Produkt- und Service Impressions Navigationspräferenz Informationsverbundbeziehungen Präferierter Informationspfad	Befüllte Warenkörbe Abgebrochene Warenkörbe Abgeschlossene Warenkörbe Verbundkäufe Informationsverbund im abgebrochenen Warenkorb Zahlungs- und Lieferpräferenzen Zusätzlicher Service Ausgangsseite
Abwicklungsphase	**After-Sales-Phase**
Versandquote Mahnquote Forderungsausfallquote Retourenquote Retournierte Artikel Inanspruchnahme Versandverfolgung Prozessdauer	Nutzungsaktivität Beschwerdequote Empfehlungskonversion

Instrumentenkennzahlen

Produkt- und Sortimentskennzahlen

Sortimentsgestaltung	Produktpräsentation
Absatz pro Artikel Click-to-Baset-Rate Basket-to-Buy-Rate Magnetwarengruppe bzw. -artikel Sortimentsverbund	Produktseitenerstellungsdauer Displayimpressions Display-Click-Rate Display-Conversion-Rate Cross-Selling-Impression Cross-Selling-Click-Rate Cross-Selling-Conversion-Rate

Kontrahierungskennzahlen	Vereinbarungsphase
Coupon-Conversion-Rate Reaktivierungsquote Preisbündelungsconversion Discountquote Zahlungsbedingungen	Ad Impression Ad Clicks Ad-Click-Rate Ad-to-Visit-Rate Ad-Conversion-Rate TKP

Distributionskennzahlen	
Lieferzeit Liefermodalitäten	

Abbildung 7.1   Übersicht Kennzahlen für E-Shops (Fortsetzung)

Finanzkennzahlen	
Umsatz	Abwicklungskosten
Average Order Size	Deckungsbeitrag
Wareneinsatzkosten	Handelsspanne
Technische Betriebskosten	Gewinn
Redaktionelle Betriebkosten	Return-on-Investment
Akquisitionskosten	Return-on-Sales

Quelle: Hukemann, A. (2004), S. 214f.

7.1.1 Technikkennzahlen

Technikkennzahlen basieren auf Daten der serverbasierten Protokolldatei und geben Aufschluss über den technischen Zustand des E-Shops und die technologische Infrastruktur des Kunden.[3] Sie sind als elementar anzusehen, da nur ein reibungsloser technischer Ablauf des Kaufprozesses garantiert, dass die Kundenzufriedenheit optimiert werden kann.[4] Technikkennzahlen stellen bereits Indikatoren für das Kundenverhalten dar und bilden die Ausgangsbasis für weitere Erfolgsmessungen.

7.1.2 Kundenkennzahlen

Kundenkennzahlen zählen zu den bedeutsamsten Kennzahlen des kundenorientierten Controllings im E-Commerce.[5] Sie sollen dabei helfen, Fragestellungen des Informations- und des Kaufverhaltensparadigmas zu beantworten, und liefern Informationen über Art und Anzahl der Kunden sowie über ihr Interaktionsverhalten.[6]

7.1.3 Instrumentenkennzahlen

Eine optimale Sortimentspolitik kann nicht nur Umsatz und Gewinn fördern, sondern sich auch positiv auf das Image auswirken.[7]

---

3   Vgl. Hukemann, A. (2004): *Controlling im Onlinehandel*, S. 148
4   Vgl. ebenda, S. 145 f.
5   Vgl. ebenda, S. 150 f.
6   Vgl. ebenda
7   Vgl. Liebmann, H.P. / Zentes, J. (2001), *Handelsmanagement,* S. 473, zitiert nach: Hukemann, A. (2004): Controlling im Onlinehandel, S. 182

Die Kennzahlen zur Sortimentsgestaltung entsprechen zum Großteil den klassischen Handelskennzahlen und dienen der Steuerung der Produktpräsentation.

7.1.4 Finanzkennzahlen

Zur Messung des monetären Unternehmenserfolgs ist der Einsatz von Finanzkennzahlen unverzichtbar. Die Kennzahlen beruhen auf den klassischen Kennzahlen des Handelscontrollings. Um die Besonderheiten des Online-Handels zu berücksichtigen, werden sie modifiziert und mit anderen Bezugsobjekten kombiniert eingesetzt.

7.2 Web-Controlling

Zur Analyse der Kennzahlen eines E-Shops sind inzwischen unterschiedliche Web-Controlling-Lösungen verfügbar. Diese dienen der systematischen Sammlung und Auswertung von Kundendaten. Neben verschiedenen kostenpflichtigen Lösungen existiert inzwischen auch eine Vielzahl kostenloser Web-Analytics-Tools. Dazu zählen z.B. Piwik oder Google Analytics.

Bevor ein entsprechendes System zum Einsatz kommt, sollten Unternehmen genau bestimmen, welche Key Performance Indicators (KPIs) durch die Analyse ihrer Online-Aktivitäten erfasst werden sollen. Das folgende **4-Punkte-Schema** hat sich dabei als wirkungsvoll erwiesen:

Abbildung 7.2 Kreislauf der Online-Optimierung

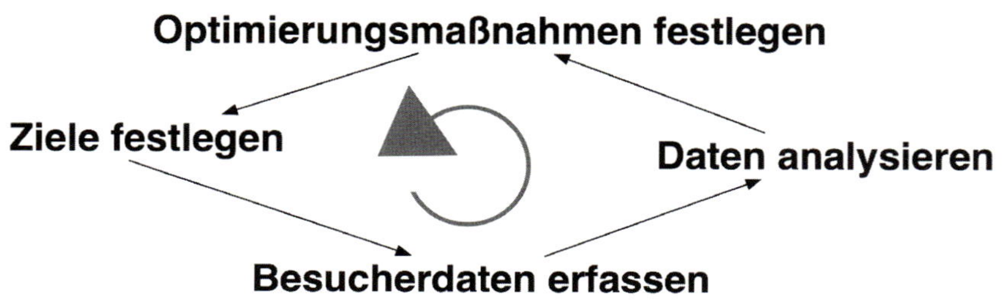

Optimierungsmaßnahmen festlegen

Ziele festlegen   **Daten analysieren**

Besucherdaten erfassen

Quelle: eigene Darstellung, in Anlehnung an: eTracker [Hrsg.] (2008), S.4

Erst wenn eindeutige Ziele definiert worden sind, lassen sich der E-Shop und sämtliche Maßnahmen des Online-Marketings zielführend steuern, kontrollieren und bei Bedarf optimieren.[8] Controlling sollte dabei als kontinuierlicher, systematisierter und integrierter Prozess und nicht als einmalige Maßnahme verstanden werden. Nur so können Analyseinstrumente ihren vollen Nutzen entfalten.

7.3 Lessons Learned

- Unter Erfolg ist die Erreichung vorher definierter Ziele zu verstehen.
- Diese Ziele können ökonomischer oder außerökonomischer Natur sein und sollten vor der Konzeption und Umsetzung eines E-Shops durch den Hersteller definiert werden und nach dem Launch des E-Shops durch Kennzahlen geprüft werden.
- Es existiert eine Vielzahl von Kennzahlen, mit denen sich der Erfolg eines E-Shops bestimmen lässt.
- Dabei wird insbesondere zwischen Technikkennzahlen, Kundenkennzahlen, Instrumentenkennzahlen und Finanzkennzahlen unterschieden.
- Web-Controlling-Tools erleichtern und vereinfachen das Controlling zunehmend.
- Der Hersteller sollte das Controlling als dauerhaften Prozess verstehen, der eine ständige Optimierung der gesetzten Ziele erfordert.

---

8   eTracker [Hrsg.] (2008): *Webcontrolling*, S. 4

8. Vermarktung und Kommunikation eines E-Shops

8.1 Erfolgsfaktor Vermarktung und Launch-Kampagne

Nachdem in den vorangegangenen Kapiteln verschiedene operative und strategische Fragestellungen zur Umsetzung eines E-Shops im Bereich der Luxusmode thematisiert wurden, widmet sich dieses Kapitel ausschließlich der **Entfaltung des Potenzials eines E-Shops durch Kommunikation**. Im Vordergrund stehen dabei verschiedene Maßnahmen, die im Vorfeld und während des Launchs zum Einsatz kommen. Die notwendigen planerischen Schritte werden durch die nachfolgende Abbildung verdeutlicht.

Abbildung 8.1   Entscheidungen über Zielgruppe, Ziele und Instrumente

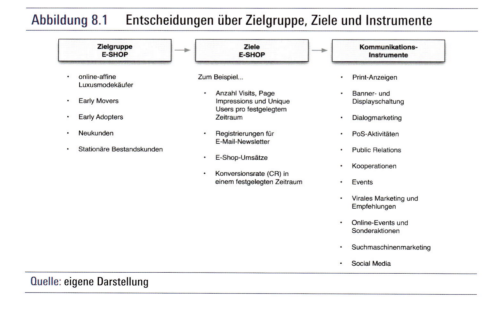

Quelle: eigene Darstellung

Das Vorgehen bei der Planung der Kommunikationskonzeption umfasst drei große Schritte:

- **Festlegung auf eine Zielgruppe**, die nicht zwangsläufig deckungsgleich mit der stationär zu erreichenden Zielgruppe sein muss,
- **Festlegung von Zielgrößen**, die nach Ende der Launchphase zur Erfolgskontrolle herangezogen werden können,
- **Auswahl geeigneter Kommunikationsinstrumente** und -maßnahmen, die die Präsenz des neuen E-Shops umfassend kommunizieren.

In nahezu allen Branchen gibt es so genannte „**Early Movers**". Gemeint sind Pionierunternehmen, die versuchen, Wettbewerbsvorteile durch einen frühzeitigen Markteintritt zu erzielen. Diese Unternehmen haben sich dazu entschieden, ihren E-Shop in einem frühen Stadium des Marktlebenszyklus im Online-Geschäft zu eröffnen und riskieren dabei, dass die mit dem Launch verbundenen Erwartungen nicht erfüllt werden. Im Kalkül dieser Pionierunternehmen stehen aber auch die positiven **Erfahrungskurven-Vorsprünge** gegenüber Wettbewerbern, die bei einer relativ frühen Umsetzung des E-Shops entstehen. Es ist möglich, dass eine Luxusmodemarke, die sich bereits im Relevant Set ihrer stationären Zielgruppe befindet, im Bereich des E-Commerce noch nicht zu den präferierten Marken der online-affinen Zielgruppe zählt, da sie über keinen E-Shop verfügt. In diesem Fall muss eine Launch-Kampagne kurz- und mittelfristig für einen hohen Bekanntheitsgrad des E-Shops in den Köpfen dieser Zielgruppe sorgen.

Der E-Shop einer Luxusmodemarke sollte in den Relevant Set der Zielgruppe gelangen, um damit zu der Gruppe von E-Shops im Bereich der Luxusmode zu zählen, die bei Online-Kaufanlässen regelmäßig angesteuert werden.

Derzeit befinden sich viele E-Shops für Luxusmode in der frühen Konzeptions- oder Entwicklungsphase. Gemäß der Rogers-Kurve befindet sich der Markt somit im Stadium der **Early Adopters** (frühe Übernehmer), die im Rahmen von kommunikativen Maßnahmen überzeugt werden müssen.

Abbildung 8.2 Innovations-Adaptions-Kurve zur Bestimmung von Zielgrößen

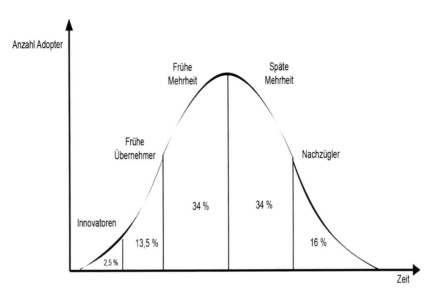

Quelle: Rogers, E. M. (1962): *Diffusion of Innovations*, S. 162 zitiert nach: Kotler, P. / Bliemel, F. (2001), S. 565

Anhand der Innovations-Adaptions-Kurve könnte eine Größenordnung von beispielsweise 20 Prozent der stationären Kunden als Zielgröße für die Anzahl der E-Shop-Kunden innerhalb der ersten 18 Monate nach dem geplanten Launch gerechtfertigt werden. Innerhalb von 36 Monaten nach dem Launch könnte die Zielsetzung „50 Prozent der stationären Transaktionen" angepeilt werden.

Ein bedeutender Erfolgsfaktor eines neuen E-Shops im Bereich der Luxusmode ist die **Launch-Strategie**. Die besondere Herausforderung besteht darin, dass ein hoher Prozentsatz der Zielgruppe mindestens einmal davon Kenntnis nehmen sollte, dass seine präferierte Luxus-Modemarke nun auch Online-Einkäufe ermöglicht. Dabei geht es darum, den Zielgruppen einen klaren und eindeutigen Nutzen des E-Shops zu kommunizieren. Dieses **Alleinstellungsmerkmal** (USP) bewirkt eine eindeutige Positionierung des Online-Shops und seiner Produkte und hebt ihn so von konkurrierenden Unternehmen ab. Bei der Eröffnung eines E-Shops ist davon auszugehen, dass primär eine

hohe Netto-Reichweite bei der Kampagnenplanung erreicht werden soll. Die Zielgruppe hat dementsprechend bereits nach einem Kontakt mit der redaktionellen oder werblichen Information gelernt, dass das Sortiment der Luxusmarke teilweise oder vollständig im markeneigenen E-Shop erhältlich ist. Möglichst viele Zielgruppenpersonen sollen diese Botschaft mindestens einmal über die Kommunikationsmaßnahmen des Markenunternehmens gelernt haben.

Abgesehen von einer hohen Netto-Reichweite der Kampagne sollten weitere Ziele festgelegt und ihr Erreichen kontrolliert werden. Die nachfolgende Abbildung dient der Systematisierung weiterer möglicher Zielsetzungen:

Abbildung 8.3   Zielsetzungen im Vorfeld einer Launch-Kampagne

Quelle: eigene Darstellung

Zu weiteren **Zielsetzungen einer Launch-Kampagne** anlässlich der Einführung des neuen E-Shops zählen:

▶ Erreichung eines **Bekanntheitsgrads des zusätzlichen Vertriebskanals** innerhalb der relevanten Zielgruppe der Luxusmarke.

▶ Erreichung eines **Bekanntheitsgrads der Internetadresse** (URL) des E-Shops innerhalb der relevanten Zielgruppe der Luxusmarke.

- Erreichung einer bestimmten **Anzahl von Ad-Clicks auf Banner**, die zum E-Shop verlinken. In der Regel besteht das Ziel darin, ein relativ günstiges Verhältnis bei der Ad-Click-Rate (ACR) zu erreichen. Diese berechnet sich folgendermaßen:

$$\text{ACR} = \frac{\text{Anzahl der Ad-Clicks auf den Banner}}{\text{Anzahl der PIs (Sichtkontakte) auf werbetragender Seite}} \times 100$$

- Erreichung einer bestimmten **Anzahl an Visits, Page Impressions** und **Unique Users** pro Woche, pro Monat oder pro Quartal auf den Websites des E-Shops.
- Erreichung einer bestimmten Anzahl an Registrierungen für den E-Shop und Abonnenten für den periodischen E-Mail-Newsletter.

Abbildung 8.4 Newsletter-Anmeldung von Burberry

Quelle: Burberry: http://www.burberry.de, Zugriff am 12.06.2009

- Stärkung der Kaufabsicht.
- Initiierung einer möglichst viel versprechenden **Anzahl von Erstkäufen** in den ersten drei oder sechs Monaten nach Launch (je nach Kampagnenlaufzeit).

- Auslösung eines Kaufs und Erreichung einer bestimmten **Conversion-Rate** (CR) in einem festgelegten Zeitraum. Die Conversion-Rate berechnet sich folgendermaßen:

$$CR = \frac{\text{Anzahl Besuche durch Unique Users im E-Shop}}{\text{Anzahl der Unique Users mit getätigten Transaktionen}} \times 100$$

- Erreichung von Stammkunden-Umsätzen, also eines regelmäßigen Durchschnittsumsatzes pro angemeldetem Kunden.
- Erreichung einer möglichst hohen **Click-Through-Rate (CTR)** auf Suchmaschinen-Ergebnis-Seiten. Bei Reservierungen von Begriffen bei Suchmaschinenbetreibern soll erreicht werden, dass kostenpflichtige Adword-Anzeigen zu Produkten und Marken im E-Shop besonders häufig angeklickt werden und so Besucher in den neuen E-Shop geleitet werden.
- Die CTR berechnet sich dabei wie folgt:

$$CTR = \frac{\text{Anzahl der Clicks auf reservierte Adwords}}{\text{Anzahl der Sichtkontakte auf der Suchmaschinen-Ergebnis-Seite}} \times 100$$

- Erreichung eines maximalen **Werbedrucks** in Gross Rating Points (GRP)

$$GRP = \frac{\text{Brutto-Reichweite der Launch-Kampagne}}{\text{Zielgruppenpotenzial (m/w) der Luxuskäufer}} \times 100$$

- Wenn beispielsweise die Zielgruppe Luxuskäufer (m/w) mit überdurchschnittlichem Einkommen rund 7,5 Mio. Personen ausmachen würde und eine Launch-Kampagne rund 5 Mio. Personen aus dieser Zielgruppe im Durchschnitt 3-mal erreicht hätte, summiert sich die GRP auf 200 (15 Mio. : 7,5 Mio. x 100).

Ein Luxusmode-Hersteller sollte entsprechend seiner strategischen Ausgangsposition die für ihn relevanten **Ziele auswählen**, diese **priorisieren** und **regelmäßig Erfolgskontrollen** durchführen.

8.2 Elemente einer Launch-Kampagne

Im folgenden Schritt müssen Entscheidungen über die notwendigen **Bestandteile der Launch-Kampagne** getroffen werden. Diese werden in der folgenden Tabelle aufgeführt:

Tabelle 8.1 Bestandteile einer Launch-Kampagne

Bestandteile der Launch-Kampagne	Relevante Fragestellungen
Kommunikationsbotschaft	Was genau soll bezüglich des E-Shops kommuniziert werden? URL, Basic Consumer Benefit, USP etc.
Kommunikationszielgruppen	Wer soll angesprochen werden? - Bestandskunden (aus stationärem Handel oder Versandhandel) - Neukunden (Zielgruppen, Kunden von Luxusprodukten, nach Alter, Einkommen, Lifestyle)
Kommunikationsareal Geografischer Markt	In welchen Gebieten sollen Kunden von Luxusprodukten durch die Kampagne angesprochen werden? National oder international?
Kommunikationstiming Launch-Zeitpunkt, Kampagnen-Laufzeit	Wann ist der günstigste Launch-Zeitpunkt und wie lange vor und nach diesem Zeitpunkt soll geworben werden?
Kommunikationsmaßnahmen	Welche Kommunikationsmaßnahmen sollen eingesetzt werden, um die Zielgruppe bestmöglich zu erreichen?

Die **Dauer der Launch-Kampagne** sowie die Auswahl möglicher Kommunikationsmaßnahmen ist abhängig von dem zur Verfügung stehenden Budget. Das Budget entscheidet auch über den Werbedruck, der rund um den Launch-Zeitpunkt ausgeübt werden kann. Nach bisheriger Marktbeobachtung ist bei dem Launch eines E-Shops eine **Frontloading-Werbedruckstrategie** zu empfehlen. Dabei setzen die Mehrzahl der gewählten Kommunikationsmaßnahmen kurz vor dem Launch sowie in den darauf folgenden drei bis sechs Monaten ein.

Abbildung 8.5 Launch-Strategie und Werbedruck

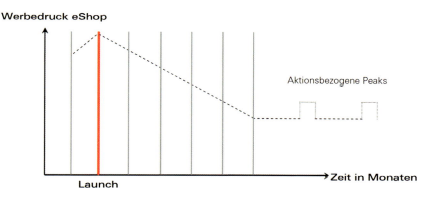

Quelle: eigene Darstellung

Der **Werbedruck** stellt die Gesamtsumme der möglichen Kontakte mit der Zielgruppe des E-Shops dar, die aus der Schaltung der Kommunikationsmaßnahmen resultieren. Bei dem hier gewählten Sechs-Monats-Kampagnenbeispiel würden die Maßnahmen fünf Monate nach dem Launch auf einen konstanten Werbedruck für den E-Shop zurückfallen. Dieser kann bei Kollektionswechseln oder Sonderanlässen wieder kurzfristig an- und absteigen (Pulsing).

8.3 Auswahl geeigneter Kommunikationsmaßnahmen

Zum Launch steht dem Luxusmode-Anbieter eine Vielzahl von Kommunikationsmaßnahmen zur Verfügung, um die zuvor beschriebenen Ziele zu erreichen.

Bei sämtlichen Kommunikationsmaßnahmen ist der existierende Markenkern und die Markenidentität der Luxusmodemarke zu beachten, damit keine konfligierenden Imageprobleme und keine schädlichen Markenbilder in den Köpfen der Zielgruppe entstehen. Print- und Online-Werbemittel müssen in Wertigkeit, Gestaltung und Tonalität der gewohnten CD-Qualität entsprechen. Ein konsistenter, medienübergreifender Auftritt im Einklang mit den bereits existierenden Werbemaßnahmen ist absolute Pflicht.

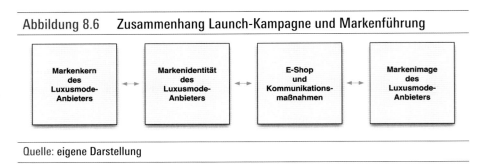

Abbildung 8.6   Zusammenhang Launch-Kampagne und Markenführung

Quelle: eigene Darstellung

Je nach dem jeweils gegebenen Budget und den im stationären Vertrieb bereits eingesetzten Werbemaßnahmen sind die nachfolgenden Maßnahmen denkbar:

8.3.1 On-Site-Maßnahmen

Die in der Regel bereits bestehende Webpräsenz der eigenen Marke sollte für Vorankündigungen und Verlinkungen zum Store genutzt werden. Diese Maßnahme ist insbesondere dann lohnenswert, wenn die bisherige Internetpräsenz durch aktuelle und nützliche Inhalte und Services bereits ohne den E-Shop eine hohe Reichweite generieren konnte.

Abbildung 8.7   Vorankündigung des Hugo Boss E-Shops

Quelle: Hugo Boss: http://www.hugoboss.com, Zugriff am 28.04.2009

Die **Onsite-Ankündigung** im Rahmen einer Teaser-Seite sollte folgende Bestandteile beinhalten:

- Ankündigung des neuen E-Shops.
- Kurzer Teaser auf mögliche zukünftige Inhalte, um die Neugierde des Nutzers zu wecken.
- Adressfeld zur Eingabe von Name, Vorname, Geschlecht, E-Mail-Adresse für exklusive Vorabinformationen.
- Die Anmeldung durch den Kunden sollte durch eine automatisch erzeugte E-Mail durch das Shop-System bestätigt werden.

Unter Beachtung der geltenden gesetzlichen Richtlinien können die gewonnenen Daten in die bestehende Kundendatenbank integriert werden und für spätere Newsletter-Versendungen und Marktforschungsmaßnahmen genutzt werden.

8.3.2 Printwerbung

Hier bietet es sich an, in Special-Interest-Zeitschriften in Form von Anzeigenschaltung auf den neuen E-Shop der Luxusmarke hinzuweisen. Als weiterer Incentive könnte ein prozentualer Erstkauf-Rabattcoupon in die Print-Anzeige integriert werden. Dieser könnte auch in Form eines deutlich genannten Wortes als verbaler Rabatt-Code gegeben werden. Dabei gibt es zwei Möglichkeiten:

- Für den Fall, dass bereits Anzeigen geschaltet werden, kann der Hinweis auf den neu eröffneten Shop in die bereits geplanten Anzeigenstrecken integriert werden.
- Für den Fall, dass keine Print-Kampagne läuft, können neu gestaltete Anzeigen auf die in Kürze stattfindende Eröffnung des E-Shops hinweisen. An dieser Stelle kann es bereits sinnvoll sein, ein Kombinations-Outfit, das im E-Shop beworben wird, in den Vordergrund zu stellen oder auf ein Gewinnspiel im E-Shop hinzuweisen.

In beiden Fällen sollte jedoch darauf geachtet werden, dass der gewählte Print-Titel eine deutliche Nähe zu der gewünschten Zielgruppe des E-Shops aufweist.

Eine weitere aufmerksamkeitsstarke Möglichkeit, auf den Launch des E-Shops hinzuweisen, bilden so genannte **Ad Specials**. Ad Specials, die in Form **von Beiheftern**, **Beiklebern** oder **Beilagen** mit der URL des E-Shops agieren, werden als Stopper im Heft integriert und regen den Leser zum Herausnehmen an. Ad Specials sind auch als Booklets, zum Beispiel mit einer Vorschau auf das Sortiment des E-Shops, oder auch als Duft- und Warenproben denkbar. In diesem Fall könnten zum Beispiel Parfümproben einen ersten Einblick in das Kosmetikangebot des E-Shops gewähren.

Um die Besucherzahl des E-Shops durch Print-Kampagnen weiter zu steigern, besteht hier die Möglichkeit, **Advertorials** einzusetzen. Ein Advertorial ist die redaktionelle Aufmachung einer Werbeanzeige mit dem Ziel, den Anschein eines redaktionellen Beitrags zu erwecken. Das Advertorial zählt somit zu den Kommunikationsinstrumenten oder Werbeformen, die nicht eindeutig der Werbung oder **Öffentlichkeitsarbeit** zugeordnet werden können. Dabei erfreut sich das Advertorial in jüngster Zeit bei Anzeigenkunden zunehmender Beliebtheit, weil die Leser in einem wesentlich höheren Maße aufnahmebereit sind, wenn sie den Werbeinhalt innerhalb des gewohnten redaktionellen Umfeldes erhalten. Wichtig ist, dass das Advertorial einen deutlich sichtbaren Hinweis auf die URL des Shops führt, wie im nachfolgenden Beispiel von Breuninger zu sehen ist:

Abbildung 8.8 Advertorial von Breuninger in Burda Print-Titeln

Quelle: Burda Community Network (BCN)

Inzwischen existiert eine Vielzahl verschiedener Print-Titel, die eine hohe Affinität zum Segment der Luxusmode aufweisen. Im Folgenden soll eine kleine Auswahl an Print-Titeln aufgeführt werden, die für Print-Werbung besonders geeignet sind: Vogue (CondéNast), Elle (Burda), InStyle (Burda), Gala (Gruner & Jahr), GQ (CondéNast), Glamour (CondéNast) oder auch Beilagenformate, wie beispielsweise „How to spend it" (Financial Times Deutschland, Gruner & Jahr).

8.3.3 Banner- und Displayschaltung

Im Bereich der Online-Werbung ist es möglich, mit Displays und Bannern auf den neuen E-Shop aufmerksam zu machen und über Ad Clicks die Anzahl von Besuchern (Visits, Unique Users) im E-Shop zu steigern. Auf verschiedenen Internetseiten zu den Themen Fashion, Beauty, Lifestyle bieten sich bei den meisten Online-Vermarktern folgende „klassische" Bannerformate an:

Abbildung 8.9   Klassische Bannerformate

Fullbanner   Layer Ad   Medium Rectangle   Pop Under

Pop Up   Rectangle   Skyscraper   Superbanner

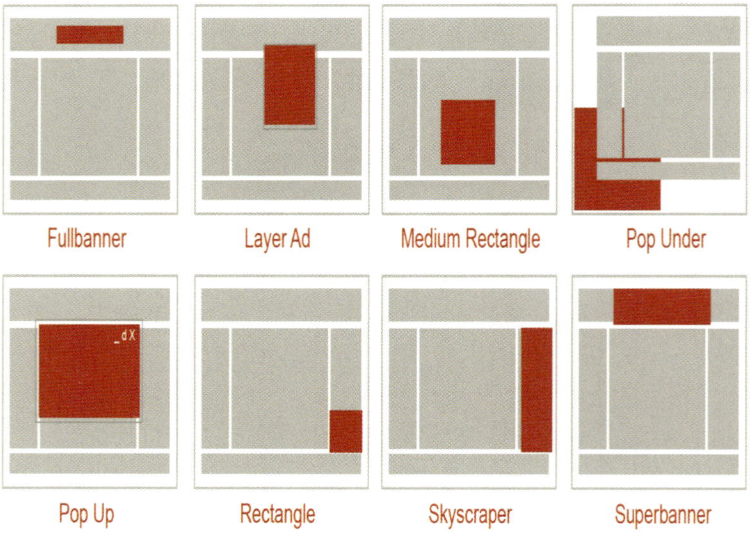

Quelle: Interactive Media, Deutsche Telekom Gruppe

Durch Sonderwerbeformen oder die Kombination von zwei Werbeformaten, den so genannten Tandem-Ads, lässt sich die Werbebotschaft besonders gut transportiert und eine hohe Aufmerksamkeit erzeugen. So schaltete Louis Vuitton anlässlich des Launches seines E-Shops zum Beispiel ein Tandem Ad, bestehend aus einem Fullbanner und Skyscraper, auf FAZ.net:

Abbildung 8.10   Louis Vuitton Tandem-Ad auf FAZ.net

Quelle: FAZ: http://faz.net, Zugriff am 11.04.2008

Werden bereits Print-Anzeigen geschaltet, muss geprüft werden, inwieweit die Schaltung von Banner- und Displaywerbung auf den **Companion-Sites**[1] der jeweiligen Print-Titel der Unterstützung der angestrebten Kommunikationsziele des E-Shops dient. Wird primär die Erreichung einer hohen Netto-Reichweite angestrebt, sollte die Schnittmenge zwischen den Lesern des Print-Titels und den Usern der entsprechenden Companion-Site möglichst gering sein, da eine Schaltung in beiden Medien zu Mehrfach- und damit überflüssigen Kontakten führen kann. Hier ist es sinnvoller, sich nur auf die Titel zu konzentrieren, in denen keine Print-Anzeigen geschaltet wurden. Durch Banner- und Displayschaltung auf den entsprechenden Companion-Sites kann eine Reichweitenerhöhung stattfinden.

---

1   Eine Companion-Site ist die Online-Ausgabe eines bereits bestehenden Print-Titels.

Beispielhaft sollen einige Companion-Sites genannt werden, deren Nutzerschaft eine überdurchschnittlich hohe Affinität für die Themen Luxus und Mode besitzt: www.vogue.de (CondéNast), www.elle.de (Burda), www.style.de (CondéNast), www.glamour.de (CondéNast), www.instyle.de (Burda), www.gala.de (Gruner&Jahr), www.gq.com (CondéNast).

Zusätzlich gibt es eine Vielzahl rein online-basierter Communities, wie zum Beispiel www.Fem.com (ProSiebenSat1 Group) oder www.glam.com (Burda), die sich gezielt den Themen Lifestyle und Fashion widmen und daher eine besonders luxusaffine Zielgruppe ansprechen. Daher sind diese Websites ebenfalls gut für Banner und Displaywerbung geeignet.

Abbildung 8.11 Redaktionelle Platzierung auf Glam.com

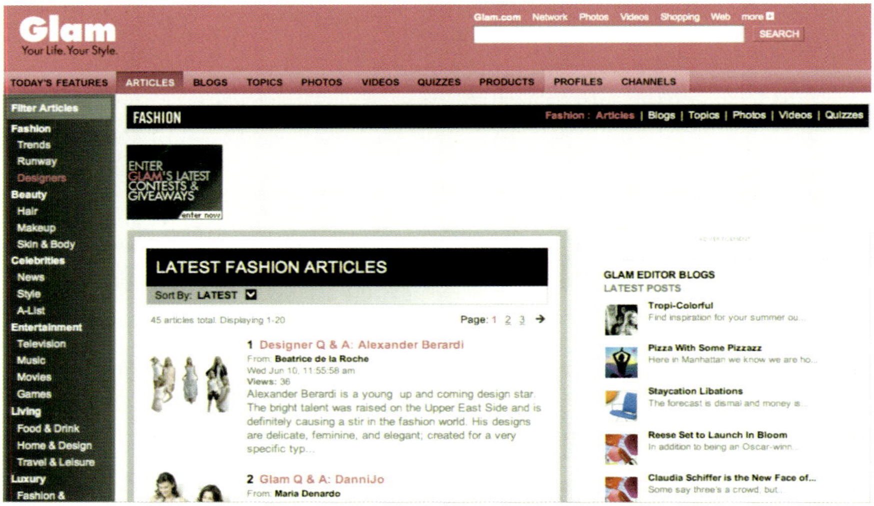

Quelle: Glam.com: http://designers.glam.com, Zugriff am 12.06.2009

Ebenfalls interessant sind Werbebanner auf Websites, die regelmäßig von leitenden Angestellten, Führungskräften oder Selbstständigen, also einkommensstarken Kreisen, angesteuert werden. Hierzu zählt zum Beispiel die Business Plattform XING:

Abbildung 8.12   Hugo Boss Bannerwerbung auf Xing

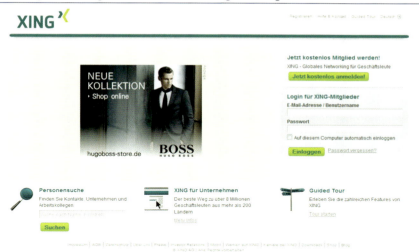

Quelle: Xing: http://www.xing.com, Zugriff am 08.10.2009

Durch die Aufstellung einer **Rangreihenanalyse**, geordnet nach

- Reichweite,
- TKP,
- Affinität,
- Glaubwürdigkeit

lässt sich eine Auswahl der effizientesten und effektivsten Kombinationen unterschiedlicher Banner- und Display-Werbeflächen treffen. Diese gilt es, nach festgelegten Zeiträumen durch Erfolgskontrollen weiter zu optimieren.

Abschließend kann festgehalten werden, dass Display- und Bannerwerbung zu den wichtigsten Instrumenten zählen, um innerhalb eines kurzen Zeitraums einen verhältnismäßig hohen Werbedruck zu erzielen. Im Gegensatz zu klassischen Print-Medien besitzt Bannerwerbung durch seine Interaktivität einen zusätzlichen Vorteil, da sich Nutzerreaktionen sofort, präzise und verlässlich anhand von Responsezahlen messen lassen. Neben der Abverkaufsfunktion fördert ein gut gestalteter Banner auch das eigene Branding.

8.3.4 Affiliate-Marketing

Affiliate-Marketing-Systeme bieten Herstellern die Möglichkeit, ihre Luxusmode über Partner-Websites auf indirektem Wege zu bewerben und im Rahmen einer **erfolgsabhängigen Vergütung** zu verkaufen. Der Luxusmode-Hersteller stellt hierbei seine Werbemittel zur Verfügung, die der Affiliate auf seinen Seiten zur Bewerbung der Angebote des Kooperationspartners verwenden kann. Nur bei tatsächlichem Umsatz oder messbarem Erfolg durch diesen Kunden werden Provisionen an den Partner bezahlt. Bei der Wahl eines geeigneten Partners sollte darauf geachtet werden, dass die jeweilige Website eine thematische Nähe zum Thema Luxusmode aufweist und einen bestimmten Traffic, der durch Visits, Unique Users und Page Impressions nachgewiesen wird, erreicht.

Beispielhaft sollen im Folgenden zwei Affiliate-Systeme genannt werden, die über eine besondere Relevanz für den Bereich Fashion verfügen: www.polyvore.com und www.stylefruits.de .

Während Stylefruits eher dem Segment Streetwear (Young Fashion) zuzurechnen ist, konzentriert sich Polyvore eher auf hochwertige Marken und streift in vielen Fällen den Bereich der Luxusmode.

Abbildung 8.13 Polyvore als Affiliate-Plattform

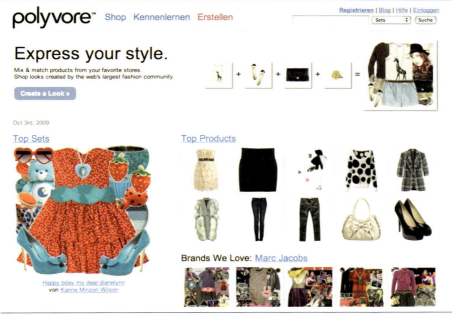

Quelle: Polyvore: http://www.polyvore.com/, Zugriff am 03.10.2009

Beide Portalbetreiber bieten ihren Nutzern die Möglichkeit, aus einer großen Auswahl von Kleidungsstücken und Accessoires zu wählen und individuelle Outfits zusammenzustellen. Inspiration liefern die Outfit-Kombinationen anderer Nutzer, der Austausch über bestimmte Stile und die Kreation eigener Outfits, die durch die Community bewertet werden können. Beide Plattformen sind an eine Vielzahl von Online-Mode-Shops angebunden, sodass alle angezeigten Kleidungsstücke und Accessoires direkt bestellt werden können. Die Abrechnung zwischen dem Unternehmen und der Plattform erfolgt individuell auf Basis folgender Abrechnungsmodi:

Pay-per-View (PPV): Der Affiliate erhält vom E-Shop-Betreiber einen Fixbetrag pro Einblendung eines auf den Shop verweisenden Werbemittels.

Pay-per-Click (PPC): Bei dieser Vergütungsart bezahlt der E-Shop-Betreiber für jeden Besucher einen festgelegten Betrag an den Affiliate. Dafür muss der Besucher auf ein Werbemittel auf der Website des Affiliates klicken, um dann zum E-Shop weitergeleitet zu werden. Derzeit gezahlte Vergütungen pro Click bewegen sich zwischen 0,03 und 0,25 Cent.

Pay-per-Lead (PPL): Der Affiliate wird vom E-Shop-Betreiber vergütet, wenn ein Kunde seine Kontaktdaten beispielsweise durch den Abruf von Informationsmaterial, die Bestellung eines Newsletters oder die Teilnahme an einem Gewinnspiel hinterlässt.

Pay-per-Sale (PPS): Beim Pay-per-Sale wird der Affiliate nur dann vergütet, wenn der Klick auf eine Anzeige zum Kaufabschluss im E-Shop führt. Bei dieser Vergütungsform werden höhere Provisionen an die Affiliates gezahlt als bei anderen Abrechnungsmodellen, da der Affiliate meist einen prozentualen Anteil an der Kaufsumme erhält. Die Provisionshöhe wird zwischen Affiliate und E-Shop-Betreiber festgelegt. Meist ist sie abhängig von der Art des verkauften Produkts beziehungsweise der Zielsetzung des E-Shop-Betreibers.

Lifetime-Provision: Wird der Affiliate auf Basis einer Lifetime-Provision bezahlt, erhält er für alle Folgekäufe eines einmal vermittelten Kunden eine Provision. Diese Art der Vergütung lohnt sich jedoch nur, wenn für das Programm, welches beworben wird, ein hoher Aufwand für die Kundengewinnung betrieben werden muss und es langfristig zur Erzielung hoher Gewinne führt.

Pay-per-Period (PPP): Der Affiliate erhält einen festgelegten Betrag, der zum Beispiel monatlich bezahlt wird. Die Höhe des Betrages legen Affiliate und E-Shop-Betreiber fest.

Kombinationen: Die aufgeführten Vergütungsmodelle werden in der Praxis auch miteinander kombiniert. Eine Kombinationsmöglichkeit, die häufig gewählt wird, sind Clicksale-Programme. Hierbei erhält der Affiliate vom E-Shop-Betreiber sowohl für die Klicks als auch für die Transaktion eine Provision.

8.3.5 E-Mail-Marketing

Als kostengünstigste, aber effizienteste Form des digitalen Dialogmarketing gilt das **E-Mail Marketing**. Gut gestaltete E-Mail-Newsletter können je nach Zielgruppe Opening-Rates von 45 bis 60 Prozent erreichen. Von ziellosen Massen-E-Mails soll allerdings abgeraten werden. Die richtige Zielgruppe, relevante Inhalte sowie eine persönliche und klare Ansprache sind die entscheidenden Kriterien. Wichtig ist zudem ein Reporting, um die Resonanz des Mailings messen und auswerten zu können. Auf Basis dieser Ergebnisse lassen sich die zukünftigen Aktionen optimieren, was den Erfolg wesentlich steigert.

Abbildung 8.14 Valentino Newsletter

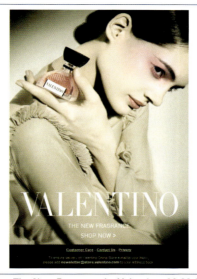

Quelle: Valentino Newsletter, The New Fragrance by Valentino, 23.02.2009

Falls das Label bereits vor dem Launch des E-Shops durch eine Website präsent ist und den Usern die Möglichkeit zum Abbonieren eines Newsletters geboten wurde, bietet es sich an, diese bestehenden Kontakte zusätzlich zu nutzen, um den Launch des E-Shops zu kommunizieren. Je nach Zielsetzung können hier auch Hinweise auf Gutschein-Codes, Spezialaktionen oder Gewinnspiele geführt werden.

8.3.6 Dialogmarketing

Im Rahmen der bestehenden eigenen stationären Filialen (Directly Operated Stores - DOS) in so genannten Monobrand-Stores, bestehen Kundendatenbanken, die meist über eine Vielzahl von Jahren aufgebaut wurden. Diese Kundendatenbanken werden im Wesentlichen genutzt, um ausgewählte Kunden zu Events oder Fashion-Shows in den Stores einzuladen. Im Rahmen einer **postalischen Direktmarketingaktion** könnten diese Kunden einen ansprechenden Brief mit einer Karte, auf der die URL des E-Shops vermerkt ist, zugestellt bekommen. Zur Gewinnung von Neukunden lassen sich in Zusammenarbeit mit Anbietern, wie der Deutschen Post AG, spezielle postalische Direktmarketing-Kampagnen konfigurieren. Dabei wird eine Auswahl deutscher Ballungsräume im Hinblick auf Wohngebiete und Straßen mit überdurchschnittlich hohen Einkommen gezogen. Diese Adressdaten werden im Rahmen der Kampagne verwendet, um den entsprechenden Haushalten beispielsweise eine informativ und ansprechend gestaltete Karte mit Hinweis auf den E-Shop-Launch mitsamt Angabe der URL gezielt zukommen zu lassen.

8.3.7 PoS-Aktivitäten

Bestehende stationäre Stores bieten sich ebenfalls als Hinweismedium für die Kommunikation des geplanten E-Shops an. So können **Counter Cards** aus Hartpappe mit dem URL-Hinweis Kunden an der Kasse auf den neuen Store hinweisen. Denkbar wäre auch, diese Counter Card automatisch der Verpackung oder Tragetasche des stationär erworbenen Artikels beizulegen. Aufsteller oder vergleichbare Werbeträger eignen sich ebenfalls dazu, auf den E-Shop hinzuweisen. Hinweise der Verkäufer auf die Online-Verfügbarkeit stationär vergriffener Artikel können sich zusätzlich positiv auf den Traffic des E-Shops auswirken. Darüber hinaus können in den stationären Stores selbst Computer-Terminals integriert werden, sodass Kunden direkt vor Ort bestimmte Artikel bestellen können und dabei gleichzeitig an den E-Shop herangeführt werden.

Abbildung 8.15 Touchscreen im New Yorker Prada Store

Quelle: Prada New York

Hierbei ist jedoch einschränkend anzumerken, dass diese Maßnahme weniger für Hersteller geeignet ist, die Kannibalisierungseffekte zwischen stationärem und Online-Retail fürchten und vermeiden wollen.

8.3.8 Public Relations

Davon ausgehend, dass bereits eine professionelle PR-Arbeit erfolgt, werden für die PR-Begleitung des Launchs eines E-Shops folgende Maßnahmen empfohlen:

- **Aktivierung des gesamten Verteilers** im Bereich relevanter Print-, Online- und TV-Redaktionen durch aktive Kommunikation.
- **Pressekonferenz mit Live-Demo** des E-Shops und seiner herausragenden Funktionalitäten sowie Bereitstellung von aussagekräftigem Text- und Bildmaterial, zum Beispiel in Form einer Pressemappe. Bei dieser Gelegenheit sollte auch die Zeit- bzw. Themenplanung des E-Shops vorgestellt werden.

- Ermöglichung eines **Test-Zugangs** für eine Gruppe ausgewählter Journalisten, um rechtzeitige Berichterstattung zum Launch sicherzustellen.
- **Postalisches Anschreiben** mit Kommunikation der E-Shop-(Test-)URL an nicht zur Pressekonferenz erschienene Journalisten.
- **Bei externer Vergabe: Themenplanung an die ausführende Agentur kommunizieren**, bei Anlässen, wie Kollektionswechseln, Fashion-Shows oder Sonderaktionen, die Zeitplanung gemeinsam optimieren und entsprechende Maßnahmen entwickeln.

Für alle genannten Maßnahmen bietet es sich an, mit **zwei getrennten Verteilern** zu arbeiten. Ein Verteiler richtet sich an verantwortliche Moderedaktionen. Der zweite Verteiler sollte sich auf die Fachpresse im Bereich E-Commerce konzentrieren.

Zielsetzungen sind redaktionelle Erwähnungen oder Berichterstattungen im Bereich zielgruppenrelevanter Print-Titel, Fachmedien, auf Fashion-Portalen im Internet sowie möglicherweise redaktionelle TV-Berichterstattung.

Abbildung 8.16 Presseankündigung Hugo Boss zum Go-Live des E-Shops

HUGO BOSS

Presseinformation

HUGO BOSS Online Store geht in Deutschland live

Metzingen, 25. Mai 2009. Ab sofort wird der HUGO BOSS Online Store auch Kunden in Deutschland zur Verfügung stehen. Der weltweit erste Online Store des Modekonzerns wurde Ende letzten Jahres in Großbritannien eröffnet. Nun erfolgt plangemäß mit der sukzessiven Anbindung der Niederlande, Frankreichs und Deutschlands der Rollout in weitere europäische Kernländer.

Entsprechend der Unternehmensstrategie, den konzerneigenen Einzelhandel konsequent auszubauen, ermöglicht der HUGO BOSS Online Store den direkten

Quelle: Hugo Boss: http://group.hugoboss.com, Zugriff am 12.06.2009

Abbildung 8.17 Umsetzung der Pressemitteilung in einem Online-Artikel

Quelle: Digital Next: http://www.digitalnext.de, Zugriff am 12.06.2009

8.3.9 Kooperationen

Analog zu den Kriterien einer Vertriebskooperation als Umsetzungsstrategie eines E-Shops sollte auch hier darauf geachtet werden, dass der gewählte Partner zu der eigenen Marke passt. Im Rahmen von Kooperationen sind verschiedene Maßnahmen denkbar, dazu zählen unter anderem:

- **Gutschein-Coupons** über den gewählten Partner.
- **Product Placement** durch Platzierung der Marke mitsamt des E-Shops in zielgruppenaffinen Filmen und Serien, wie z.B. „Der Teufel trägt Prada" oder „Sex and the City".
- **Spezialaktionen** über Multiplikatoren-Websites wie www.glam.com.
- **Gewinnspiel-Kooperationen** im Rahmen von Sponsoring. So wurde in Kooperation mit Smirnoff Black ein Anzug des Herstellers Hugo Boss verlost (siehe Abbildung 8.18).

Abbildung 8.18 Hugo Boss Gewinnspiel-Kooperation

Quelle: Guardian: http://www.guardian.co.uk, Zugriff am 02.04.2009

8.3.10 Events

Anlässlich der Eröffnung des E-Shops besteht die Möglichkeit, eine **Launch-Party** in einem stationären (Flagship-)Store durchzuführen, zu der möglichst viele Multiplikatoren eingeladen werden sollten. Dabei steht weniger die Information der eingeladenen Gäste im Vordergrund als vielmehr die mediale Reichweite des Launch-Events im Zusammenspiel mit eingeladenen Journalisten, die dann in der Berichterstattung auf den neuen E-Shop hinweisen. Computer-Terminals mit attraktiven Bildschirmen können den Anwesenden für Live-Einkaufserlebnisse und zur Demonstration zur Verfügung stehen.

8.3.11 Virales Marketing und Empfehlungen

Basierend auf der Annahme, dass Luxuskonsumenten über ein umfangreiches Netzwerk verfügen, kann in dem E-Shop ein Anreiz geschaffen werden, weitere potenzielle Kunden zu empfehlen. Möglichkeiten dafür bestehen zum Beispiel im Anschluss an einen positiven Kaufprozess. Zusätzliche virale Effekte können ebenfalls über Videos von Fashion-Shows erzeugt werden, die auf Brand Profiles des jeweiligen Herstellers gezeigt werden. Als Beispiel dient hier Louis Vuitton, auf dessen Facebook-Profil Videos aktueller Modeshows gezeigt werden:

Abbildung 8.19   Louis Vuitton Facebook Modeshow

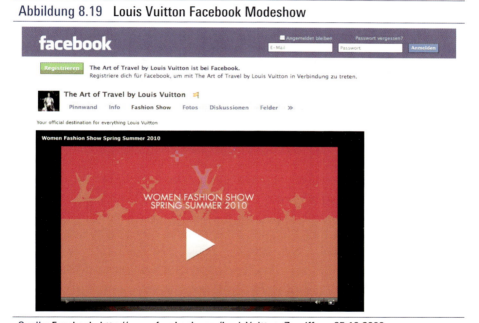

Quelle: Facebook: http://www.facebook.com/LouisVuitton, Zugriff am 05.10.2009

8.3.12 Celebrity Branding und Testimonials

Die Verbindung von Luxusmode und Celebrities lässt sich kaum als neuzeitliches Phänomen betrachten. Berühmtheiten aus verschiedenen Bereichen wie Musik, Film oder auch Politik zählen schon seit Langem zu den wichtigsten Markenpaten verschiedener Luxusmodehersteller. Als Beispiele sind hier Sean Connery, Madonna und Michail Gorbatschow für Louis Vuitton oder Emma Watson für Burberry aufzuführen. Celebrities stärken die Brand-Awareness einer Luxusmarke und festigen ihre exklusive Positionierung. Wie Luxusmarken selbst besitzen Stars eine besondere Anziehungskraft und eine positive Aura, die sie umgibt. In der Regel werden passende Berühmtheiten für einen bestimmten Zeitraum oder eine spezielle Kampagne, die mit crossmedialer Wirksamkeit kommuniziert wird, ausgesucht. Das Werben einer bereits engagierten Celebrity, die gegebenenfalls beim Akt des Online-Shoppings in Standbild- oder Bewegtbild-Werbemedien gezeigt wird, soll das Vorleben der Verwendung des E-Shops verdeutlichen und die Bekanntheit und Akzeptanz des E-Shops innerhalb der Zielgruppe erhöhen.

8.3.13 Online-Events und Sonderaktionen

Um den Anreiz für Kunden zu erhöhen, den E-Shop auszuprobieren und regelmäßig zu frequentieren, könnte ein Hersteller einen oder mehrere Styles, bestehend aus verschiedenen einzelnen Artikeln, auswählen, die in der Zusammensetzung bewusst nur online angezeigt werden und als Inspiration dienen. Eine Zusammenstellung im Rahmen eines **Outfit-Vorschlags** könnte als Styling-Vorschlag des Monats an hervorgehobener Stelle im E-Shop gezeigt werden. Der ausschließliche Vertrieb eines Outfits über einen E-Shop kann als weitere mögliche Option betrachtet werden, birgt aber die Gefahr eines negativen stationären Einkaufserlebnisses, wenn Konsumenten in ihrem Einkaufbedürfnis nicht befriedigt werden können und nur auf den E-Shop verwiesen werden. **Gewinnspiele** eignen sich ebenfalls dazu, den Traffic des E-Shops zu erhöhen.

8.3.14 Suchmaschinenoptimierung (SEO)

Suchmaschinenoptimierung (Search Engine Optimization) bedeutet, mit verschiedenen Techniken und Methoden die Inhalte und Strukturen eines E-Shops so zu gestalten und zu optimieren, dass dieser die höchstmögliche Rangposition auf den Ergebnisseiten von

Suchmaschinen wie beispielsweise Google erhält, wenn Kunden einer Luxusmarke nach bestimmten Schlagwörtern suchen. Hersteller sollten bei der Texterstellung des E-Shops darauf achten, dass die relevanten Schlagwort- oder Stichworteingaben bereits berücksichtigt werden. Im Ergebnis würde sich die Anzahl der Kunden, die den E-Shop über Suchmaschinen aufrufen, deutlich erhöhen. Zudem kann mit einer Erhöhung der Conversion-Rate gerechnet werden, da viele Nutzer bereits über eine konkrete Kaufabsicht verfügen.

8.3.15 Suchmaschinenmarketing (SEM)

Während eine Suchmaschinenoptimierung besonders im hart umkämpften Fashion-Bereich sehr langwierig sein kann, um auf den oberen Plätzen der Suchmaschinen gelistet zu werden, gewinnt Suchmaschinenmarketing als kurzfristige Maßnahme immer mehr an Bedeutung. Bezahlte Textanzeigen werden als „Sponsored Links", „Paid Placement" oder „Adwords" bezeichnet. Gut platzierte Sponsored Links gehören zu den effizientesten und effektivsten Online-Werbemedien. Das Schalten von Anzeigen in Suchmaschinen stellt die am schnellsten umsetzbare Möglichkeit dar, Suchende über inhaltlich frei wählbare Anzeigen anzusprechen. Zudem ermöglicht Pay-per-Click-Werbung eine weitgehende Kontrolle über die Platzierung in dem Ergebnislisting der Suchmaschinen.

Der Vorteil für das Adword-schaltende Unternehmen liegt darin, dass diese nur für die erstellte Textanzeige zahlen, wenn der beworbene E-Shop auch tatsächlich besucht bzw. angeklickt wird (Cost-per-Click, CPC). Dabei können die Texte unter Berücksichtigung der maximalen Zeichenmenge weitestgehend selbst definiert werden. Die Anzeige des E-Shop-Betreibers wird nur dann angezeigt, wenn fashion-affine Kunden spezielle Keywords oder Keyword-Kombinationen in ihrer Suchanfrage eingeben. Die Kosten pro Click können selbst festgelegt und bestimmt werden. Es gilt jedoch: Je mehr pro Click gezahlt wird, desto höher ist das eigene Suchmaschinen-Ranking, sofern der Qualitätsfaktor stimmt. Der Höchstbietende für das Keyword „Armani" erhält im Rahmen einer Textanzeige automatisch die Top-Position, wenn der Suchbegriff „Armani" verwendet wird. Somit kann der Werbetreibende auf einfache Art und Weise bestimmen, für welche Suchbegriffe welche Anzeigen auf welche Position und mit welchem Tagesbudget gelistet werden soll. Die tatsächlichen Kosten pro Click (CPC) und damit auch der Erfolg, hängen von der Nachfrage und vom Auktionspreis ab. Ist das Gebot für ein Keyword zu gering, erhält der ausgewählten Suchbegriff den Status „Inaktiv für Suche", und die Anzeigen werden nicht eingeblendet. Diese Anzeigen werden von den „normalen Ergebnissen" meist räumlich und optisch getrennt dargestellt.

Die Click-Kosten und die Anzahl der voraussichtlichen Clicks pro Tag lassen sich bei Google AdWords als Schätzwerte aufrufen. Hierzu sollten E-Shop-Betreiber den „Google Traffic Estimator" ansteuern:

Abbildung 8.20   Google Traffics-Estimator

Quelle: Google Traffic Estimator: https://adwords.google.com, Zugriff am 28.09.2009

Folgende Schritte beschreiben den Aufbau einer unternehmenseigenen SEM-Kampagne:

- Eröffnung eines kostenlosen Google-Adword-Kontos.
- Definition der relevanten Zielgruppe und Zielregion.
- Definition und Eingrenzung relevanter Keywords oder Keyword-Kombinationen und Festlegung der Formulierung für die eingeblendeten Kleinanzeigen.
- Festlegung der maximalen Kampagnenkosten (Werbebudget).
- Einrichtung der Konversionsmessung durch Platzierung von Tracking Codes.
- Start der Kampagne.
- Erfolgskontrolle und Optimierung.

8.3.16 Social Media

Unter dem Begriff Social Media werden virtuelle Netzwerke und Gemeinschaften verstanden, in denen sich Nutzer innerhalb spezieller Plattformen über verschiedene Themen austauschen und miteinander interagieren können. Über Brand-Profile auf sozialen Netzwerken wie Facebook, Flickr oder Myspace können Hersteller ihre Zielgruppe direkt ansprechen und in Echtzeit mit ihnen kommunizieren.

Facebook wird von den Luxusmodemarken aus folgenden Beweggründen genutzt:

- Kommunikation mit der Zielgruppe.
- Bekanntgabe von Neuigkeiten zusätzlich zum News-Bereich im existierenden E-Shop (neue Kollektionen, neue Styles, neue Produkte, neue Outfit-Kombinationen, neue Trends, Zitate von PR-Treffern wie zum Beispiel erschienene Meldungen zu Styles in der VOGUE).
- Information über anstehende Events der Modemarke (Fashion-Shows, Inhouse-Events, Store-Openings (stationär), Ankündigungen kommender Live-Streams).
- Hinführung zu Kategorien und neuen Produkten im E-Shop durch direkte Link-Hinweise.
- Videos zu stattgefundenen Fashion-Shows, Mood-Videos zu neuen Kollektionen oder einfach aktuelle TV-Werbespots.

- Photos und Alben mit Kollektionsausschnitten, Image-Fotografie oder Bildzitate gelungener (redaktioneller) Produkt-PR in Modezeitschriften. Fan-Fotos sind ebenfalls zu sehen.
- Marktforschungszwecke.

Bei allen vorgenannten Punkten können User kommentieren, Likes ausdrücken oder den jeweiligen Content weiterempfehlen (Share). Diese Funktion ermöglicht eine einfache und direkte Erfolgskontrolle, zumindest aber ein Feedback zu den jeweils geposteten News. Die nachfolgende Tabelle zeigt eine Fanstatistik als aktuelle Bestandsaufnahme wichtiger Facebook-Präsenzen führender Luxusmode-Marken:

Tabelle 8.2 Luxusmarken auf Facebook nach Fans

Marke	Anzahl Fans
BURBERRY	1.054.540
Louis Vuitton	996.498
CHANEL	830.810
DOLCE & GABBANA	629.475
PRADA	421.942
ARMANI	322.005
VERSACE	261.338
GUCCI	212.487
ELIE SAAB	197.793
ALEXANDER WANG	188.060
Ferragamo	109.984
Bottega Veneta	99.753
Oscar de la Renta	41.807
Just Cavalli	33.935
Sonia Rykiel	29.741
Emilio Pucci	22.235

Marke	Anzahl Fans
ERMENEGILDO ZEGNA	17.102
YSL	7.942
ETRO	6.721

Abrufdatum 23.04.2010

Interessante „Nebeneffekte" stellen die Möglichkeiten, die sich so für die Marktforschung bieten, dar. Im Gegensatz zu einem Newsletter werden Brand-Profile vor allem von einer jüngeren Zielgruppe nur selten als störende Werbung wahrgenommen. Führen Newsletter, die in zu häufiger Frequenz verschickt werden, schnell zu einem medialen „Burn-Out", kann das Brand-Profil wesentlich häufiger aktualisiert werden, ohne dass dieser Effekt eintritt. Im Gegenteil: Viele Fans fühlen sich durch „Insider-Informationen" stärker an ihre Marke gebunden und diskutieren über diese Themen (z.B. *Neue Kollektion erscheint im Herbst – vorab einige Bilder*) auf ihren Profilen, in eigenen Web-Blogs oder in Foren und Chats. Auf diese Weise dienen sie als zusätzliche Multiplikatoren. Hugo Boss präsentiert sich mit einem eigenen Brand-Profil auf Facebook und auf Myspace.

Abbildung 8.21 Hugo Boss Myspace Profil

Quelle: Myspace: http://www.myspace.com/hugobosscompany, Zugriff am 02.04.2009

Abbildung 8.22   Hugo Boss Facebook-Profil

Quelle: Facebook: http://www.facebook.com/pages/Hugo-Boss/14829503463,
     Zugriff am 02.04.2009

Ein regelrechter Hype findet derzeit um das Thema **Twitter** statt. Twitter ist ein Micro-Blog. Ein im Internet geführtes Tagebuch, das auch mit dem Handy aufgerufen werden kann und nach eigenen Angaben allein in Deutschland wöchentlich 4.000 neue Nutzer gewinnt. Angemeldete Benutzer können eigene Textnachrichten mit einer Länge von maximal 140 Zeichen verfassen. Diese Tweets können von anderen Benutzern abonniert werden, die als Follower bezeichnet werden. Das Micro-Blog bildet ein für Autor und Leser einfach zu handhabendes Echtzeit-Medium zur Darstellung von Aspekten des eigenen Lebens und von Meinungen zu spezifischen Themen. Kommentare oder Diskussionen der Leser zu einem Beitrag sind ebenfalls möglich. Damit dient das Medium sowohl dem Austausch von Informationen, Gedanken und Erfahrungen als auch der Kommunikation. Inzwischen nutzt auch eine zunehmende Anzahl an Luxusmarken Twitter zur Kommunikation in Echtzeit. So besitzt die Luxusmarke Louis Vuitton für ihr US-Department einen eigenen Twitter-Account oder auch der Hersteller Versace.

Abbildung 8.23   Louis Vuitton US-Twitter

Quelle: Twitter: http://twitter.com/louisVuitton_US, Zugriff am 08.10.2009

Abbildung 8.24 Versace Twitter

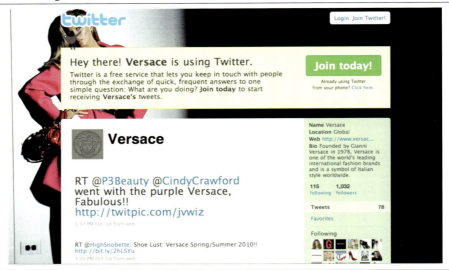

Quelle: Twitter: http://twitter.com/versace, Zugriff am 03.10.2009

Schneller als in anderen Medien können Unternehmen Markeninteressierte durch Twitter in Echtzeit über aktuelle Ereignisse, wie den Launch des E-Shops, informieren. Da sich die Follower aktiv dafür entscheiden, Tweets zu abonnieren, besitzt das Medium sehr geringe Streuverluste bei verhältnismäßig geringen Kosten und einer hohen möglichen Reichweite. Insbesondere in einer jungen und internet-affinen Zielgruppe stellt Twitter ein wirksames Kommunikationsinstrument dar. Ein besonders gelungenes Beispiel stellen die Aktivitäten der Luxusmarke Diane von Furstenberg dar, die sowohl Tweets nutzt, um aktuelle Kollektionen zu bewerben und einen persönlichen Bezug zu den Fans zu schaffen, als auch um die unterschiedlichen Social-Media-Maßnahmen optimal miteinander zu verknüpfen. So zeigt die folgende Abbildung den Twitter-Account der Marke sowie das Facebook-Profil mit Hinweislinks auf die eigene Homepage und den Online-Shop sowie die Twitter-Präsenz.

Abbildung 8.25 Diane von Furstenberg Twitter- und Facebook-Präsenz

Quelle: Twitter: http://twitter.com/ insidedvf, Facebook: http://www.facebook.com/dvf, Zugriff am 26.04.2010

Allerdings muss an dieser Stelle darauf hingewiesen werden, dass besonders im sensiblen Bereich des Social Media Chancen und Risiken sehr dicht beieinander liegen: Wo sonst haben Hersteller die Möglichkeit, direkt an ihre Endzielgruppe heranzutreten, sich mit dieser auszutauschen und wichtige Einblicke in die „Black-Box" Konsument zu gewinnen? Social Media bietet zahlreiche Chancen, die Brand-Awareness zu steigern, die Marke emotional und positiv bei der Zielgruppe zu inszenieren und durch gutes Brand-Relationship-Management auch den Gesamtumsatz zu steigern.

Nur wenn der Auftritt der Marke authentisch, transparent und glaubwürdig ausfällt, gelangt diese bei Kaufentscheidungssituationen in den Relevant Set des Nutzers und verankert sich positiv im Wahrnehmungsraum des Konsumenten.

8.4 Kommunikationsplan für die Kampagne zum Launch

Im vorherigen Abschnitt wurden eine Reihe von Kommunikationsinstrumenten und -maßnahmen vorgestellt, die dazu beitragen, einen neu eröffneten E-Shop bekannt zu machen und zur Stärkung der Hersteller-Marke beizutragen. Ein wesentlicher Erfolgsfaktor für einen gelungenen Launch des E-Shops ist dabei die zeitliche Anordnung beim Einsatz der Instrumente und Maßnahmen. Das Ineinandergreifen der Instrumente sowie die gegenseitige Ergänzung der eingesetzten Maßnahmen sind wichtig zur Erreichung einer hohen Netto-Reichweite zum Zeitpunkt des Launchs und der darauf folgenden Monate.

Abbildung 8.26   Integrierter Kommunikationsplan eines E-Shops

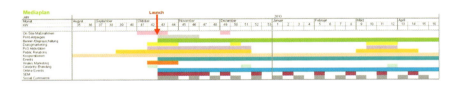

Quelle: eigene Darstellung

Der hier abgebildete Mediaplan dient als Beispiel für den Launch eines E-Shops zum Zeitpunkt des Vorweihnachtsgeschäfts. Die zuvor dargestellten Maßnahmen werden hier auf einer in Wochen skalierten Zeitplanung festgelegt und angeordnet.

Die Suche nach potenziellen Kooperationspartnern, die den Launch werblich auf Grundlage von Gegenleistungen unterstützen können, beginnt bereits weit vor dem eigentlichen Launch-Termin. Als Beispiel einer Kooperation wurde bereits im vorherigen Abschnitt das Beilegen von Gutschein-Coupons in Versandpaketen des Kooperationspartners genannt. Etwa vier Wochen vor Launch sollte die Pressearbeit einsetzen. In Abhängigkeit der Erscheinungs- und Sendetermine der zuvor ausgewählten Print-, TV- und Online-Formate mitsamt ihren terminlichen Anzeigenfristen, sollten die entsprechenden Redaktionen auf den neuen E-Shop eingestimmt werden. Zu diesem Zeitpunkt kann bereits ein Testzugang für den E-Shop eingerichtet werden, der interessierten Journalisten einen ersten Eindruck des neuen E-Shops gewährt. Ergänzt werden diese Instrumente durch den Einsatz von postalischem Direktmarketing, zum Beispiel in Form eines ansprechend gestalteten Anschreibens an die bereits in den Datenbanken erfassten Bestandskunden. Weiterhin kann am stationären Point-of-Sale bereits mit Counter Cards oder der Ausgabe anderer Werbeartikel auf den neuen E-Shop aufmerksam gemacht werden. Zum Launch selbst sollte dann eine Vielzahl verschiedener Maßnahmen gleichzeitig und crossmedial einsetzen. Diese erstrecken sich bis kurz vor die Weihnachtsfeiertage. Im neuen Jahr beginnt der Kommunikationsplan, der den regelmäßigen und saisonalen Einsatz der jeweiligen Instrumente beinhaltet.

8.5 Lessons Learned

- Grundlage für die effektive und effiziente Kommunikation und Vermarktung eines E-Shops im Segment der Luxusmode ist die Festlegung auf spezifische Ziele.
- Im Vorfeld des Launchs ist die Mediennutzung der Zielgruppe zu analysieren. Nur mit solider Kenntnis der Mediennutzung der Zielgruppe können die Kommunikationsmaßnahmen optimal ausgewählt werden.
- Eine entscheidende Bedeutung kommt dem Timing, also dem Einsatzzeitpunkt und der Reihenfolge, der eingesetzten Instrumente zu.
- In der Regel bilden die ausgewählten Kommunikationsmaßnahmen einen optimalen Mix zwischen Onsite-, Online und Offsite-Maßnahmen. Die ausgeklügelte Vernetzung verschiedener Kommunikationsmaßnahmen kann zu entscheidenden Synergien und Wettbewerbsvorteilen führen.
- Die Intramediaselektion sollte anhand der Kriterien TKP, Affinität, Reichweite und Glaubwürdigkeit des jeweiligen Mediums vorgenommen werden.

- Die Öffentlichkeitsarbeit stellt einen zentralen Erfolgsfaktor in der gesamten Launch-Kommunikation dar. Durch redaktionelle Erwähnung können beachtliche Besucherzahlen bei verhältnismäßig geringen Kosten erzielt werden.
- Für Kooperationen gilt: Je höher die Zielgruppenüberschneidung mit dem Kooperationspartner, desto stärker der Wirkungsgrad gemeinsamer Maßnahmen.
- Social Media eignet sich besonders gut dazu, eine junge, internetaffine Zielgruppe zu erreichen und sie mit der Marke in Berührung zu bringen.
- Da der E-Shop in einem digitalen Medium stattfindet, wird die Online-Kommunikation als besonders effektiv und effizient angesehen.
- Im Anschluss einer Kampagne sollten die jeweiligen Ziele anhand zuvor definierter Zielgrößen auf ihren Erfolg hin geprüft werden.

Anhang

Kennzahlen eines E-Shops (Auswahl)

Technikkennzahlen	
Fehlerquote	Gibt das Verhältnis von fehlerhaften zu allen generierten Page Impressions an.
Page Impression	Basisgröße der Kennzahlenberechnung im E-Commerce, die den Sichtkontakt eines beliebigen Kunden mit einer vollständig geladenen einzelnen Page des E-Shops innerhalb eines bestimmten Zeitraums beschreibt. Sie liefert jedoch keine Angaben über die Anzahl der Kunden. Vielmehr bildet sie den Nutzungsverlauf eines E-Shops in Stunden, Wochentagen und Monaten ab.
Kundenkennzahlen	
Abgebrochene Warenkörbe	Im Vergleich zu stationären Ladengeschäften ist die Anzahl der abgebrochenen Warenkörbe sehr hoch. Gründe für den Abbruch können vielfältig sein und stehen nicht unbedingt mit einer falschen Gestaltung des E-Shops in Verbindung.
Abgeschlossene Warenkörbe	Sie geben an, wie viele Kunden tatsächlich einen Kauf getätigt haben und gelten daher als wichtige Kundenkennzahl.
Befüllte Warenkörbe	Entspricht der Anzahl der Sessions mit mindestens einem Produkt im Warenkorb und stellt so dar, wie viele Kunden Interesse an den Produkten des E-Shops gezeigt haben.
Beschwerdenquote	Sie gibt das Verhältnis von Beschwerden zu Bestellungen an und kann ebenfalls produktbezogen gemessen werden. Eine konsequente Nutzung der Beschwerdeinformationen dient der Förderung der Kundenzufriedenheit und ermöglicht, die betrieblichen Schwächen zu senken.
Conversion Rate	Zeigt das Umwandlungsverhältnis von potenziellen Kunden zu Käufern und wird als elementare Controlling-Kennzahl für E-Shops gesehen. Sie berechnet sich aus dem Verhältnis der Käufer zu den Visits.

Identified Visitor	Die Identifizierung eines Kunden über mehrere Visits hinweg erfolgt nur bei einer personenbezogenen Registrierung im E-Shop in Verbindung mit einem Cookie. Diese Kennzahl ist insbesondere für die Marktforschung relevant.
Käufer	Ein Kunde wird dann zu einem Käufer gezählt, wenn er erfolgreich eine Bestellung in einem E-Shop aufgegeben hat. Da das Primärziel eines E-Shops in der Gewinngenerierung durch den Verkauf von Waren besteht, liefern Käuferkennzahlen Basiswerte für weitere Erfolgskennzahlen.
Kaufhäufigkeit	Sie dokumentiert, wie oft ein Kunde innerhalb eines bestimmten Zeitraums im E-Shop kauft, und gibt so Auskunft über die Akzeptanz eines E-Shops als Verkaufskanal.
Kaufverbünde	Diese Kennzahl zeigt an, welche Artikel gemeinsam gekauft wurden und kann daher für Cross-Selling-Aktivitäten eingesetzt werden.
Retourenquote	Sie gibt die Anzahl der Retouren gemessen an den Versandaufträgen an. Ziel sollte sein, Retouren möglichst in einen Umtausch umzuwandeln.
Retournierte Artikel	Häufig zurückgesandte Artikel lassen auf eine schlechte Warenpräsentation oder Produktbeschreibung schließen (z.B. Passform, Farbe). Eine Analyse erfordert daher eine Angabe von Gründen durch den Kunden.
Session	Bezugsbasis aller kundenbezogenen Identifikationsanalysen. Sie informiert über die Anzahl der Kundenbesuche des E-Shops. Sie besteht aus einer chronologischen Abfolge von Page Impressions und endet mit dem Verlassen des E-Shops.
Stickiness	Sie beschreibt die Verweildauer in Minuten pro Visit.
Tracked Visitor	Diese Kennzahl liefert eine genauere Zahl der Kunden eines E-Shops. Bei persistenten Cookies oder der Registrierung im E-Shop kann ein Tracked Visitor über mehrere Sessions hinweg erkannt werden. Eine persönliche Identifikation findet allerdings nicht statt. Viele unterschiedliche Tracked Visitiors in einem bestimmten Zeitraum können auf eine hohe Attraktivität des E-Shops hindeuten.

Visit	Können zwei Page Impressions einer bestimmten Session zugeordnet werden, handelt es sich um einen Visit. Die Anzahl der Visits gibt Auskunft über die Anzahl der Besuche aller Kunden im Shop, liefert aber keine Informationen über die tatsächliche Kundenzahl, da ein Kunde, der den E-Shop dreimal am Tag besucht, drei Sessions an einem Tag generiert und so drei Visits gezählt werden.
Produkt- und Sortimentskennzahlen	
Absatz pro Artikel	Diese Mengengröße gibt die abgesetzte Stückzahl eines Artikels über einen Zeitraum an und stellt so die Attraktivität eines Artikels oder einer Warengruppe innerhalb des gesamten Sortiments dar.
Basket-to-Buy Rate	Sie gibt an, wie viele Warenkörbe mit einem bestimmten Produkt zu einer Bestellung des Produktes führen. Der Quotient wird gebildet aus der Anzahl der abgeschlossenen Warenkörbe, die ein bestimmtes Produkt beinhalten, und der Anzahl aller Warenkörbe, die dieses Produkt enthalten.
Click-to-Basket Rate	Sie gibt an, wie viele Sichtkontakte einer Produktseite zum Befüllen des Warenkorbs mit dem entsprechenden Produkt führen. Sie ist der Quotient aus der Anzahl aller Warenkörbe, die ein bestimmtes Produkt beinhalten und den zugehörigen Product Impressions. Produktseiten mit einer hohen Anzahl von Product Impressions und einer unterdurchschnittlichen Click-to-Basket Rate können auf eine unangemessene Produktbeschreibung im E-Shop hinweisen.
Product Conversion Rate	Wird durch das Verhältnis von abgeschlossenen Warenkörben eines bestimmten Artikels zu Product Impressions des Artikels gebildet und zeigt, wie häufig ein vom Kunden betrachtetes Produkt gekauft wurde.
Finanzkennzahlen	
Abwicklungskosten	Sie umfassen die Kosten für Auftrags- und Zahlungsabwicklung.
Average-Order-Size	Sie stellt den durchschnittlichen Umsatz einer Bestellung dar und dient vor allem dazu, zukünftige Umsätze bei der Planung von Marketinginstrumenten zu prognostizieren bzw. deren Einsatz zu bewerten.
Betriebskosten	Spiegeln die Kosten für Hard-, Software, Serverhosting und Pflege des E-Shops wider. Auch die Kosten des Kundenservice werden hier subsumiert.

Gewinn	Positives Betriebsergebnis. Der Gewinn berechnet sich aus der positiven Differenz von Umsatz und Kosten.
Handelsspanne	Eine spezielle Form des Deckungsbeitrags im Handel ist die Handelsspanne. Sie stellt die Differenz aus Nettoumsatz und Wareneinsatz dar. Die Handelsspanne wird in E-Shops auch im Bereich der Preispolitik eingesetzt.
Return on Investment (ROI)	Der ROI ergibt sich aus dem Verhältnis der Summe des Gewinns und der Fremdkapitalzinsen zu dem Gesamtkapital. Weist ein E-Shop keine wirtschaftliche Eigenständigkeit auf, gestaltet sich die Bestimmung des Gesamtkapitals oft schwierig.
Return on Sales (ROS)	Der ROS kann auch hinreichend beschrieben werden, wenn der E-Shop nur als Profitcenter und nicht als eigenständiges Unternehmen betrieben wird. Der ROS ergibt sich aus dem Verhältnis der Summe des Gewinns und der Fremdkapitalzinsen zum Umsatz. Im Handel verhindert die Berechnung des ROS die einseitige Orientierung an der Maximierung des Umsatzes, da eine Verbesserung des ROS nur möglich ist, wenn der Gewinn überproportional zum Umsatz steigt. Umsatzsteigerungen bei gleich bleibendem Gewinn führen zu einem Rückgang des ROS.
Umsatz	Der Umsatz stellt den monetär bewerteten Absatz dar. Für einen E-Shop sind Umsatzkennzahlen für die Bezugsobjekte Kunden, Artikel, Warengruppe oder das Gesamtunternehmen denkbar.

Abkürzungsverzeichnis

AG	Aktien Gesellschaft
ACR	Ad Click Rate
B2A	Business-to-Administration
B2B	Business-to-Business
B2C	Business-to-Consumer
CD	Corporate Design
CRM	Customer Relationship Management
CR	Conversion Rate
DIN	Deutsches Institut für Normung e.V.
DOS	Directly Operated Stores
E-Commerce	Electronic Commerce
EDI	Electronic Data Interchange
E-Retail	Electronic Retail
E-Shop	Electronic Shop
FAZ	Frankfurter Allgemeine Zeitung
GQ	Gentlemen`s Quarterly
H&M	Hennes & Mauritz
HNWI	High Net Worth Individual
HTML	Hypertext Markup Language
ISO	International Organization for Standardization
KEP	Kurier-, Express-, Paketdienste
KPI	Key Performance Indicator
KISS	Keep it short and simple
LVMH	Louis Vuitton Moët Hennessy
M&A	Mergers & Acquisitions
Mio.	Millionen
Mrd.	Milliarden
NOS	Never out of Stock (Niemals Null-Bestand)
PC	Personal Computer
PI	Page Impression

PPC	Pay per Click
PPL	Pay per Lead
PPP	Pay per Period
PPR	Ehemals: Pinault-Printemps-Redoute
PPS	Pay per Sale
PPV	Pay per View
PR	Public Relations
PSP	Payment Service Provider
PZ	Publikumszeitschriften
ROI	Return on Investment
ROS	Return on Sale
SEM	Search Engine Marketing
SEO	Search Engine Optimization
SEPA	Single European Payment Area
SET	Secure Electronic Transaction
SGF	Strategisches Geschäftsfeld
SSL	Secure Socket Layer
S.W.O.T.	Strengths Weaknesses Opportunities Threats
TAN	Transaktionsnummer
TV	Television
URL	Uniform Resource Locator
US	United States
USP	Unique Selling Proposition
WWW	World Wide Web
XML	Extensible Markup Language
YSL	Yves Saint Laurent

Literatur- und Quellenverzeichnis

Alexander McQueen: http://www.alexandermcqueen.com/, Zugriff am 30.09.2009

Alexander McQueen: http://www.alexandermcqueen.com/int/en/corporate/experience_03.aspx, Zugriff am 02.10.2009

Alexander Wang: http://shop.alexanderwang.com/shop, Zugriff: 03.10.2009

Anne Klein: http://www.anneklein.com, Zugriff: 03.10.2009

Ansoff, H.I. (1966): Management Strategie, München 1966

Anya Hindmarch: http://www.anyahindmarch.com, Zugriff am 30.10.2008

ARD / ZDF [Hrsg.] (2008): ARD-ZDF Onlinestudie 2008 Mediaperspektiven, o.O, 2008

Armani: http://armanicollezioni.neimanmarcus.com, Zugriff: 03.10.2009

Axel Springer AG Marketing Anzeigen [Hrsg.] (2004): Märkte. Luxusprodukte, Hamburg 2004

Bally: http://www.bally.com, Zugriff: 03.10.2009

Belz, O. (1994): Luxusmarkenstrategien, in: Bruhn, M. (Hrsg.): Handbuch Markenartikel Anforderungen an die Markenpolitik aus Sicht von Wissenschaft und Praxis, Bd. 1: Markenbegriffe - Markentheorien - Markeninformationen - Markenstrategien, Stuttgart 1994, S. 646-652

Bitkom [Hrsg.] (2009): Praxisleitfaden E-Commerce, E-Commerce Projekte erfolgreich vorbereiten und realisieren, Berlin 2009

Bliemel, F. / Fassott, G. (2000): Produktpolitik mit E-Share, in: Bliemel, F. / Fassott, G. / Theobald, A. (Hrsg.): Electronic Commerce, 3. Auflage, Wiesbaden 2000, S. 191-204

Borelli, L. (2002): www.mode. Design, Vermarktung und Kommunikation im Internet, München 2002

Burberry: http://uk.burberry.com, Zugriff am 24.10.2008

Burberry: http://www.burberry.de/pws/Home.ice, Zugriff 03.10.2009

Büttner, M., u.a. (2008): Phänomen Luxusmarke. Identitätsstiftende Effekte und Determinanten der Markenloyalität, in: Bellmann, K., u.a. (Hrsg.):

Spektrum wirtschaftswissenschaftliche Forschung, 2. Auflage, Wiesbaden 2008

Capgemini / Merrill Lynch [Hrsg.] (2009): World Wealth Report 2009, o.O, 2009

Chevalier, C.; Mazzalovo, G. (2008): Luxury Brand Management – A world of privilege, Hoboken u.a. 2008

Chloé: http://www.chloe.com/#/e-shopping/en, Zugriff am 30.09.2009

D&G: http://store.dolcegabbana.com, Zugriff: 03.10.2009

Diane von Furstenberg: http://www.dvf.com/dvf/index.jsp, Zugriff am 30.09.2009

Digital Next: http://www.digitalnext.de/hugo-boss-geht-mit-deutschem-online-shop-live, Zugriff am 12.06.2009

Dubois, B. / Paternault, C. (1995): Observations: Understanding the world of international luxury brands: the „dream formula", in: Journal of Advertising Research, Vol. 35, Issue 4, July/August 1995, S. 69-76

E-Commerce-Center Handel [Hrsg.] (2001): Begriffe des eCommerce, Frankfurt am Main 2001

Emilio Pucci: http://www.emiliopucci.com.com, Zugriff am 08.06.2009

Esch, F.-R. u.a. (2001): Markenkommunikation im Internet, in: Esch, F.-R. (Hrsg.): Moderne Markenführung, 3. Auflage, Wiesbaden 2001, S. 565-599

eTracker [Hrsg.] (2008): Webcontrolling, Hamburg 2008

Facebook: http://www.facebook.com/LouisVuitton, Zugriff am 05.10.2009

Facebook: http://www.facebook.com/pages/Hugo-Boss/14829503463, Zugriff am 02.04.2009

FAZ: http://faz.net, Zugriff am 11.04.2008

Fischer, M. / Hieronimus, M. / Kranz, F. (2002): Markenrelevanz in der Unternehmensführung. Messung, Erklärung und empirische Befunde für B2C-Märkte, in: Backhaus, K, u.a. (Hrsg.): Arbeitspapier Nr. 1, Marketing Centrum Münster, MCM / McKinsey & Company, 2002

Focus Marktanalysen [Hrsg.] (2009): Der Markt der Luxusgüter. Daten Fakten Trends zu Mode Accessoires, Uhren, Düften, München 2009

Fotoform Plus: http://www.fotoformplus, Zugriff am 05.10.2009

Gallot, J.M. (2008): Wir haben keine Angst vorm Internet, in Textilwirtschaft, Nr. 16,17. April 2008, S. 34-36

Gebauer, E. (1996): Labels machen Leute, in: BAG Handelsmagazin, Nr. 6, 1996, S. 56-59

Glam.com: http://designers.glam.com/articles/latest, Zugriff am 12.06.2009

Google Traffic Estimator: https://adwords.google.com/select/TrafficEstimatorSandbox, Zugriff 28.09.2009

Grubb, E. / Grathewohl, H. (1967): Consumer self-concept. Symbolism and Marketing Behaviour: A theoretical approach, in: Journal of Marketing, Vol. 31, Issue 4, 1967, S. 22-27

Guardian: http://www.guardian.co.uk/lifeandstyle/competition/2009/apr/02/win-a-hugo-boss-suit-competition, Zugriff am 02.04.2009

Gucci: http://www.gucci.com, Zugriff am 02.10.2009

H&M: http://shop.hm.com/de/campaign742designercollmen, Zugriff am 08.06.2009

Hansen, H.R. / Madlberger, M. (2007): Beziehungen zwischen dem Internetvertrieb und anderen Absatzwegen im Einzelhandel, in: Wirtz, B.W. (Hrsg.): Handbuch Multi-Channel-Marketing, Wiesbaden 2007, S. 765-787

Hofmann, F. (1986): Kritische Erfolgsfaktoren – Erfahrungen in großen und mittelständischen Unternehmen, in: ZfbF, Heft 10/1986, S. 831-843

Hugo Boss AG [Hrsg.] (2008): Quartalsfinanzbericht Januar-September 2008, Metzingen 2008

Hugo Boss: http://group.hugoboss.com/files/PI_Online_Store.pdf, Zugriff am 12.06.2009

Hugo Boss: http://www.hugoboss-store.com, Zugriff am 24.10.2008

Hugo Boss: http://www.hugoboss-store.de, Zugriff: 03.10.2009

Hukemann, A. (2004): Controling im Onlinehandel, Ein kennzahlenorientierter Ansatz für Onlineshops, in: Becker, J., u.a. [Hrsg.]: Advances in Information Systems and Management Science, Bd. 14, Berlin 2004

ibi research [Hrsg.] (2009): eCommerce Leitfaden, Regensburg 2009

ibusiness: www.ibusiness.de, Zugriff am 08.09.2009

Internet World: http://www.internetworld.de/Nachrichten/Praxistipps/SEO-So-wird-s-gemacht, Zugriff am 04.10.2009

Jil Sander: http://store.jilsander.com, Zugriff am 03.10.2009

Kapferer, J.-N. (1992): Die Marke – Kapital des Unternehmens, Augsburg 1992

Kapferer, J.-N. (2001): Luxusmarken, in: Esch, F.-R. (Hrsg.): Moderne Markenführung, 3. Auflage, Wiesbaden 2001, S. 345-365

Kisabaka, L. (2001): Marketing für Luxusprodukte, in: Koppelmann, U. (Hrsg.): Beiträge zum Produkt-Marketing, Bd. 32, Köln 2001

Kollmann, T. (2007): E-Business. Grundlagen elektronischer Geschäftsprozesse in der Net Economy, 2. Auflage, Wiesbaden 2007

Korb, J.C. (2000): Kaufprozesse im Electronic Commerce – Einflüsse veränderter Kundenbedürfnisse auf die Gestaltung, Wiesbaden 2000

Korneli, B. (2007): Internationale Markenführung von Luxusprodukten. Darstellung der Problematik am Beispiel der Textilbranche, Saarbrücken 2007

Koschate, J. (2003): Methoden und Vorgehensmodelle zur strategischen Planung von Electronic Business Anwendungen, Dissertation, Göttingen 2003

Kotler, P. / Keller, K. L. / Bliemel, F. (2007): Marketing Management. Strategien für wertschaffendes Handeln, 12. Auflage, München 2007

L.K. Bennett: http://www.lkbennett.com, Zugriff am 03.10.2009

Lasslop, I. (2002): Identitätsorientierte Führung von Luxusmarken, in: Meffert H. / Burmann, C. / Koers, M. (Hrsg.): Markenmanagement. Grundfragen der identitätsorientierten Markenführung, Wiesbaden 2002, S. 328- 350

Leibenstein, H. (1950): Bandwagon, Snob, and Veblen effects, in: Quarterly Journal of Economics, No. 2, May 1950, Vol. LXIV, S. 183-207

Louis Vuitton: http://www.louisvuitton.com, Zugriff am 13.07.2009

LVMH [Hrsg.] (2009): 2008 Annual report, Paris 2009

Luxusbabe: http://www.luxusbabe.de, Zugriff am 24.04.2010

Magerhans, A. (2005): Kundenzufriedenheit im Electronic Commerce. Untersuchung zur Ausprägung, zu Determinanten und zu Wirkung der Kundenzufriedenheit im Online-Buchhandel, Dissertation, Göttingen 2005

Marni: http://www.marni.com, Zugriff am 03.10.2009

Meffert, H. / Lasslop, I. (2003): Luxusmarkenstrategie, in: Meffert, H. / Backhaus, K. / Becker, J. (Hrsg.): Wissenschaftliche Gesellschaft für Marketing und Unternehmensführung e.V., Arbeitspapier Nr. 164, Münster 2003

Michael Kors: http://www.michaelkors.com, Zugriff am 03.10.2009

Moschino: http://www.moschinoboutique.com, Zugriff am 03.10.2009

Müller-Hagedorn, L. (2000): Zur Abgrenzung von E-Commerce: Definitorische Anmerkungen, in: Müller-Hagedorn, L. (Hrsg.): Zukunftsperspektiven des E-Commerce im Handel, Frankfurt am Main 2000, S. 49-57

My Clip Studios: http://www.myclip360.com, Zugriff am 05.10.2009

Myspace: http://www.myspace.com/hugobosscompany, Zugriff am 02.04.2009

Nicolai, S. (2004): ePayment – Zahlungsverkehr entlang der eSupply Chain, in: Wannenwetsch, H. / Nicolai, S. (Hrsg.): E-Supply-Chain-Management. Grundlagen – Strategien – Praxisanwendungen, 2. Auflage, Wiesbaden 2004, S. 228-246

Nicole Farhi: http://www.nicolefarhi.com, Zugriff am 01.10.2009

Nielsen [Hrsg.] (2008): Februar 2008, Trends in Online Shopping. A global Nielsen consumer report, o.O. 2008

Nielsen, J. (2001): Designing Web Usability, München 2001

Nielsen, J. / Loranger, H. (2008): Web Usability, München 2008

Nielsen, J., u.a. (2001): E-Commerce User Experience, Fremont 2001

Oehme, W. (2001): Sortimentskontrolle, in: Diller, H. [Hrsg.] (2001): Vahlens großes Marketinglexikon, München 2001, S. 573-574

Okonkwo, U. (2007): Luxury fashion branding - trends, tactics, techniques, New York 2007

Online Medien: http://onlinemedien.ch/displays/wpcontent/gallery/brand/instores/prada_OMA_6.jpg, Zugriff am 12.06.2009

Oscar de la Renta: http://www.oscardelarenta.com/?folderId=/shoponline/, Zugriff am 01.10.2009

Polyvore: http://www.polyvore.com/, Zugriff am 03.10.2009

Ralph Lauren: http://www.ralphlauren.com, Zugriff am 29.10.2008

Revolve Clothing: http://www.revolveclothing.com, Zugriff am 04.11.2008

Richter, M. / Flückinger, M. (2007): Usability Engineering Kompakt, Heidelberg 2007

Salvatore Ferragamo: http://ferragamo.neimanmarcus.com/?ecid=Ferragamo, Zugriff, am 30.10.2008

Sarodnick, F / Brau v. Huber, H. (2006): Methoden der Usability Evaluation, Bern 2006

Schröder, H. (2005): Multichannel-Retailing Marketing in Mehrkanalsystemen des Einzelhandels, Heidelberg 2005

Stapelkamp, T. (2007): Screen- und Interfacedesign, Heidelberg 2007

Stella McCartney: http://www.stellamccartney.com, Zugriff am 03.10.2009

Stylight: http://www.stylight.de/Women/Kleider-c202/v1/, Zugriff am 12.07.2009

Textilwirtschaft, Nr. 3, 15. Januar 2009

The Outnet: https://www.theoutnet.com/, Zugriff am 14.06.2009

Thomas Pink: http://www.thomaspink.com, Zugriff am 03.10.2009

Twitter: http://twitter.com/louisVuitton_US, Zugriff am 08.10.2009

Twitter: http://twitter.com/versace, Zugriff am 03.10.2009

Valentino: www.valentino.com, Zugriff am 01.10.2009

Valtin, A. (2005): Der Wert von Luxusmarken, in Bauer, H. / Homburg, C. (Hrsg.): Schriftenreihe des Instituts für Markenorientierte Unternehmensführung Universität Mannheim, Wiesbaden 2005

Veblen, T. (1958): Theorie der feinen Leute. Eine ökonomische Untersuchung der Institutionen, Köln / Berlin 1958

Welt Online / Plan.Net Agenturgruppe [Hrsg.] (2007): Das Wissen um den Wert des Besonderen. Die erste Studie zum Thema Luxusmarken im Netz, München / Berlin 2007

Wirtz, B.W. (2008): Multi-Channel-Marketing, Wiesbaden 2008

Wirtz, B.W. / Kleinecken, A. (2000): Geschäftsmodelltypologien im Internet, in: WiSt, 29. Jg., Heft 11, 2000, S. 628-635

Wirtz, B.W. [Hrsg.] (2007):Handbuch Multi-Channel-Marketing, Wiesbaden 2007

Wißmeier, U.-K. (1991): Strategische Entscheidungen im internationalen Mode- Marketing, in: Hermanns, A. / Schmitt, W. / Wißmeier, U.-K. (Hrsg.): Handbuch Mode-Marketing. Grundlage, Strategien, Instrumente, Frankfurt am Main 1991, S. 548-580

Wiswede, G. (1991): Der „neue Konsument" im Lichte des Wertewandels, in: Szallies, v. R. / Wiswede, G. (Hrsg.): Wertewandel und Konsum: Fakten, Perspektiven und Szenarien für Markt und Marketing, 2. Auflage, Landsberg am Lech 1991, S. 11-40

Wiswede, G. (1995): Einführung in die Wirtschaftspsychologie, 2. Auflage, München / Basel 1995

Xing: http://www.xing.com, Zugriff am 08.10.2009

Zugara: http://www.zugara.com/index.aspx?id=1064, Zugriff am 24.04.2010

Die Autoren

Michael Krisch studierte Medienökonomie mit Schwerpunkt Marketing- und Kommunikationsmanagement an der Rheinischen Fachhochschule Köln. Seit 2007 arbeitet er als Berater, Projektmanager und Konzepter für digitale Projekte. Als Experte für Markenführung im Web, Social Media und E-Business unterstützt Michael Krisch insbesondere Premium- und Luxusmarken bei der Implementierung geeigneter E-Commerce- und Online-Marketing-Strategien. Zu seinen Mandanten zählen namhafte Marken aus den Bereichen Fashion, Beauty und Food.

Kontakt: Michael Krisch
E-Mail: michael@michael-krisch.de
Internet: www.michael-krisch.de

Professor Dr. Niklas Mahrdt ist Professor für Medienwirtschaft an der Rheinischen Fachhochschule in Köln. Nach seinem Studium der BWL und VWL in Heidelberg, Paris und Berlin promovierte er über strategische Allianzen im Konvergenzbereich. Seine Forschungsschwerpunkte liegen im Bereich E-Commerce, E-Fashion, Crossmedia und Kampagnenmanagement. Parallel zu seiner Professur berät er als Gründer und Managing Director von MEDIA ECONOMICS Medienunternehmen, Handels- und Dienstleistungsunternehmen sowie KMUs.

Kontakt: Niklas Mahrdt
E-Mail: nm@media-economics.de
Internet: www.media-economics.de

novomind iVIEW™

- Schlank entwickelter Image- und Zoomserver für alle Basisfunktionen
- Keine aufwändige Flash-Programmierung erforderlich
- Kein Browser-PlugIn notwendig
- Läuft auch unter iPhone/iPad Anwendungen
- Produktbilder in dynamischer Größe
- Bildausschnitte frei wählbar, Größendarstellung variabel
- Kurze Ladezeiten
- Einfache Integration in Ihre eShop-Plattform

novomind AG
Bramfelder Straße 121
22305 Hamburg · Germany
Phone +49 40 80 80 71-0
info@novomind.com
www.novomind.com

novomind iVIEW™:
Mehr als 1000 Worte.

Die Beschreibung Ihrer Produkte im Internet kann noch so aussagekräftig sein – sie wird Ihren Kunden nur dann wirklich überzeugen, wenn er auch sehen kann, was er liest. Das trifft vor allem auf den hochwertigen Fashionbereich zu, wo bildschirmfüllende und ins Detail gehende Abbildungen die Absatzchancen erheblich verbessern. Mit der Entwicklung von **novomind iVIEW™** stößt novomind nun in eine Lücke für „leichtgewichtige" Image- und Zoomserver mit einem überschaubaren Lizenzmodell. Dabei stand die Abdeckung der Basisfunktionen und eine einfache Integration in bestehende Infrastruktur im Vordergrund.

In unserem novosales Showcase können Sie sich ein Bild von der Leistungsfähigkeit dieser Software machen – es sagt mehr als viele Worte. Informationen und Zugangsdaten geben wir Ihnen gern unter **info@novomind.com** oder **040-80 80 71-0**.

Marketing für erfolgreiche Unternehmen

Die Erfolgsformel - was Marketer wirklich nach oben bringt

Was macht einen Marketingmanager wirklich erfolgreich? Wieso haben CMOs durchschnittlich eine weniger als halb so lange Verweildauer im Unternehmer wie CEOs? Was heißt überhaupt Erfolg und wie erzielt man ihn? Welche fachlichen und persönlichen Erfolgsfaktoren muss man auf dem Weg nach oben entwickeln und wie positioniert man sich idealtypisch im Unternehmen? Auf diese und mehr Fragen finden Marketingmanager im Buch eine Antwort.

Michael M. Meier / Christine Wichert
Die Erfolgsgeheimnisse des Marketingmanagers
Die ungeschriebenen Gesetze auf dem Weg zum CMO
2010. 237 S. mit 56 Abb.
Geb. EUR 39,95
ISBN 978-3-8349-1484-2

Praxis-Know-how für die erfolgreiche Markendifferenzierung

Dieses Buch zeigt die Arten, Möglichkeiten und Wege der Markendifferenzierung sowohl aus strategischer als auch aus praktischer Sicht und liefert Antworten auf die beiden elementaren Fragen: „Wie entstehen Differenzierungsmerkmale" und „Welche sind die entscheidenden Erfolgsfaktoren für eine nachhaltige Markendifferenzierung in der Kommunikation"? Der Nutzen dieses Buches liegt in der Kombination der wissenschaftlichen Behandlung der Markendifferenzierung mit den praktischen Fallbeispielen, ergänzt um hochaktuelle Hintergründe und Meinungen ausgewählter Experten.

Ulrich Görg (Hrsg.)
Erfolgreiche Markendifferenzierung
Strategie und Praxis professioneller Markenprofilierung
2010. 400 S. mit 100 Abb.
Geb. EUR 59,95
ISBN 978-3-8349-1722-5

Warum Strom eine Marke braucht

Die Autoren plädieren dafür, Markenführung als grundlegende Führungsfunktion zu verstehen. Sie stellen das Markenmanagement der Strommarken EnBW und Yello der Markenführung von Audi als Premiummarke im Automobilmarkt gegenüber. Der Leser erhält vielfältige Einsichten in die strategische Planung und operative Umsetzung der Markenführung dreier erfolgreicher Unternehmen.

Detlef Schmidt / Peter Vest
Die Energie der Marke
Ein konsequentes und pragmatisches Markenführungskonzept
2010. 259 S.
Geb. EUR 45,95
ISBN 978-3-8349-1479-8

Änderungen vorbehalten. Stand: Februar 2010.
Erhältlich im Buchhandel oder beim Verlag
Gabler Verlag . Abraham-Lincoln-Str. 46 . 65189 Wiesbaden . www.gabler.de

Professionelle PR

Kompakt, anschaulich, praxisnah – Beispiele kommunikativer Krisen

Wie entsteht eigentlich eine PR-Krise? Was muss passieren – oder unterlassen werden –, bis es zum „PR-GAU" kommt? Die Autorin untersucht zahlreiche Störfälle aus der jüngeren, insbesondere deutschen Vergangenheit, zeigt typische Muster und Gemeinsamkeiten, aber auch Besonderheiten der einzelnen Beispiele auf. Der Leser erfährt dabei auf unterhaltsame wie lehrreiche Weise, welche kommunikativen Stolpersteine es gibt – und wie er diese umgehen kann. Und wenn es zu spät sein sollte: Hinter jeder Krise steht die Chance für eine verbesserte Kommunikation.

Daniela Puttenat
Praxishandbuch Krisenkommunikation
Von Ackermann bis Zumwinkel: PR-Störfälle und ihre Lektionen
2009. 181 S.
Br. EUR 38,00
ISBN 978-3-8349-1053-0

Das erste Buch zum Thema Litigation-PR

In den Medien findet die Berichterstattung über Unternehmen und Unternehmer, die in juristische Auseinandersetzungen verwickelt sind, zunehmend breiteren Raum. Mannesmann, Siemens, Telekom und die Deutsche Bank sind nur einige prominente Namen. Wegen des Medieninteresses wird bei juristischen Auseinandersetzungen im anglo-amerikanischen Raum schon lange ein wirkungsvolles Tool eingesetzt: Litigation-PR.

Stephan Holzinger / Uwe Wolff
Im Namen der Öffentlichkeit
Litigation-PR als strategisches Instrument bei juristischen Auseinandersetzungen
2009. 259 S.
Br. EUR 44,90
ISBN 978-3-8349-0839-1

Durch effiziente Öffentlichkeitsarbeit mehr Bekanntheit und mehr Mandanten

Das Buch versteht sich als Leitfaden für junge und erfahrene Anwälte. Das Buch ist in einem bewusst unterhaltenden Ton geschrieben, bietet Einschübe, Interviews mit Experten, Praxistipps, Schautafeln und Checklisten.

Uwe Wolff
Medienarbeit für Rechtsanwälte
Ein Handbuch für effektive Kanzlei-PR
2010. 184 S. Br. EUR 34,95
ISBN 978-3-8349-1460-6

Änderungen vorbehalten. Stand: Februar 2010.
Erhältlich im Buchhandel oder beim Verlag
Gabler Verlag . Abraham-Lincoln-Str. 46 . 65189 Wiesbaden . www.gabler.de